ULTIMATIVNA SKUTA KUHINJA

Odkrijte 100 okusnih receptov za popestritev vaših obrokov

Petra Kralj

Avtorski material ©2023

Vse pravice pridržane

Nobenega dela te knjige ni dovoljeno uporabljati ali prenašati v kakršni koli obliki ali na kakršen koli način brez ustreznega pisnega soglasja založnika in lastnika avtorskih pravic, razen kratkih citatov, uporabljenih v recenziji. Ta knjiga se ne sme obravnavati kot nadomestilo za zdravniški, pravni ali drug strokovni nasvet.

KAZALO

KAZALO..3
UVOD..7
ZAJTRK IN MALICA...8
1. Omleta iz artičok in skute...9
2. Plasti jajc in artičoke...12
3. Limonine meringue palačinke..15
4. Skutni rogljički...18
5. Skutine palačinke...20
6. Ključne limetine palačinke s sirom................................23
7. Sirna špinačna palačinka str..25
8. Skutne sladice iz mešanega jagodičevja.......................28
9. Gâteau De Crêpes a La Florentine................................31
10. Skuta s sadjem...34
11. Berry Blast Protein Fruit Bowl.....................................36
12. Ohrovt, paprika in zdrobljena feta omleta..................38
13. Fritata s klobaso in sirom..40
14. Skutni kvašeni zvitki..42
15. Čebulni kruh s koprom..44
16. Proteinski močni vaflji...46
17. Ukrajinski hašiš za zajtrk...48
18. Sendviči za zajtrk...51
19. B abbka..53
20. Fritate z rdečo papriko in skuto..................................56
21. Quiche z morskimi sadeži brez skorje........................58
22. Amiška enolončnica za zajtrk......................................60
PRIGRIZKI IN PREDJEDI..63
23. Pomaranče, polnjene s skuto......................................64
24. Špinačne empanade..66
25. Azijski skutni krekerji...69
26. Mesne kroglice za cocktail party.................................71
27. Vetrnice s skuto in ananasom.....................................73

28. Desertni bučkini ocvrtki..75
29. Čilski sirni sufle kvadratki....................................77
30. Špinačni zavitki..79
31. Jagodne skutne ploščice.....................................81
32. Polnjeni jajčevci..84
33. Polnjene gobe s sirom.......................................87
34. Skutine kroglice s čokoladno glazuro.................89
35. Skutne kroglice s sezamom................................91
36. Skutni piškoti...93
37. Ovseni piškoti iz skute...95
38. Sous Vide jajčni ugrizi...97
39. Polena zelene...100
40. Skuto polnjeni šampinjoni..................................102
41. Pomaka iz skute in špinače...............................104
SENDVIČI, ZAVITKI IN BURGERJI............................106
42. Burgerji iz maroške jagnjetine in harise............107
43. Brusketa iz blitve..110
44. Paneer Bhurji sendvič..113
45. Burritos z govedino in sirom..............................115
46. Jabolko na žaru na mafinih iz kislega testa......117
47. Chipotle Cheddar Quesadilla............................119
GLAVNA JED..121
48. Jabolko in sir na žaru..122
49. Sirni ravioli z rožmarinom in limono...................124
50. Ravioli lazanja...126
51. Carbquik pita z lazanjo......................................128
52. Lazanja v skodelici..131
53. Focaccia al formaggio.......................................133
54. mesna štruca s sirom..135
55. English Cottage Pie Lasagna............................137
56. Fižolova lazanja...140
57. Feferoni lazanja...143
58. Linguine s sirovo omako....................................146
59. Rustikalna domača pita.....................................148
60. Margaritine testenine primavera........................151

61. Monterey Jack Souffle..................153
62. s piščancem in skuto..................155
63. Manicotti s skuto..................158
64. Mamina špinačna pita..................160
65. Enolončnica z govedino in rezanci..................162
66. Pečena špinača Supreme..................164
SOLATE IN PRILOGE..................166
67. Zelenjavna solata s skuto..................167
68. Solata iz špargljev, paradižnika in skute..................169
69. Skuta in sadna solata..................172
70. Solata iz kumar in skute..................174
71. Solata iz skute in paradižnika..................176
SLADICA..................178
72. Orehov Cheesecake..................179
73. Brusnično pomarančni cheesecake..................181
74. Kugel z ananasovimi rezanci..................184
75. Žafran Pistacija Panna Cotta..................187
76. Skutin tiramisu..................189
77. Datljev sladoled iz skute..................191
78. Skutin Cheesecake..................193
79. Bureke..................195
80. Francoski sirni kolač..................198
81. Sirne torte z zelišči..................201
82. Pesen kolač..................204
83. Jabolčno-sirni sladoled..................206
84. Kokosova skutna torta s sirom..................208
85. Kugel pita z rezanci in skuto..................211
86. Roza party solata..................214
87. Sladica iz pečenega ananasa..................216
88. Kul limetina solata..................218
ZAČIMBE..................220
89. Skutna omaka..................221
90. Omaka z malo maščobe..................223
91. Zeliščni preliv Cottage..................225
92. Zeliščni skutni namaz..................227

93. Salsa s skuto..229
94. Skutni in medeni namaz..231
95. Skutin pesto...233
SMOOTHIJE IN KOKTAJLI..235
96. Začinjen malinov smoothie...236
97. Cottage Cheese Power Shake...238
98. Cheesy Vanilla Shake...240
99. Bananin proteinski napitek po vadbi................................242
100. Sojin smoothie..244
ZAKLJUČEK...246

UVOD

Dobrodošli v "ULTIMATIVNA SKUTA KUHINJA", kjer se skromna skuta spremeni v kulinarično zvezdo. Na straneh te kuharske knjige se boste podali na potovanje skozi svet okusov, ustvarjalnosti in prehrane. Skuta ni le preprost mlečni izdelek; je vsestranska sestavina, ki lahko vašim obrokom vdihne novo življenje.

Naša kuhinja je prostor, kjer ustvarjalnost ne pozna meja. Ne glede na to, ali ste izkušen kuhar ali začetnik v kulinarični umetnosti, boste našli široko paleto receptov, ki bodo zadovoljili vaše brbončice in nahranili vaše telo. Skuta je vir beljakovin, kalcija in drugih bistvenih hranil, zaradi česar je dragocen dodatek vaši vsakodnevni prehrani.

S 100 okusnimi recepti, ki pokrivajo vrsto kuhinj in kulinaričnih stilov, je ta kuharska knjiga zasnovana tako, da navdihne vašo kuharsko pot. Od slanih jedi, kot so polnjene gobe in lazanja, do sladkih užitkov, kot so sirove torte in parfeji, boste odkrili pravi potencial skute.

Torej, zavihajmo rokave, nadenimo predpasnike in se poglobimo v svet skutine kulinarike. Čas je, da nadgradite svoje obroke in ustvarite nepozabna obedovalna doživetja kar v svoji kuhinji.

ZAJTRK IN MALICA

1. Omleta iz artičok in skute

SESTAVINE:
- 3 velika jajca
- ¼ skodelice skute
- ¼ skodelice narezanih redkvic
- ¼ skodelice sesekljanih srčkov artičoke (v pločevinkah ali mariniranih)
- 2 žlici sesekljanih svežih zelišč (kot so peteršilj, drobnjak ali bazilika)
- Sol in poper po okusu
- 1 žlica olivnega olja

NAVODILA:
a) V skledi stepamo jajca, dokler niso dobro stepena. Začinimo s soljo in poprom.
b) V ponvi proti prijemanju na srednjem ognju segrejte olivno olje.
c) Dodamo narezane redkvice in jih pražimo približno 2-3 minute, da se rahlo zmehčajo.
d) V ponev dodajte sesekljana srca artičok in jih pražite še 1-2 minuti, dokler se ne segrejejo.
e) Stepena jajca vlijemo v ponev in pazimo, da enakomerno prekrijejo zelenjavo.
f) Pustite, da se jajca nemoteno kuhajo nekaj minut, dokler se dno ne strdi.
g) Z lopatko nežno dvignite robove omlete in nagnite ponev, da morebitno nekuhano jajce steče na robove.
h) Na polovico omlete z žlico naložimo skuto.
i) Po skuti potresemo sesekljana zelišča.
j) Drugo polovico omlete prepognemo čez skutno stran.
k) Nadaljujte s kuhanjem še eno minuto oziroma dokler ni omleta pečena do želene stopnje pečenosti.

l) Omleto zložimo na krožnik in jo po želji prerežemo na pol.

2. Plasti jajc in artičoke

SESTAVINE:

- 1 žlica ekstra deviškega oljčnega olja
- 1 srednje velika rumena čebula, sesekljana
- 8 unč zamrznjene sesekljane špinače
- ½ skodelice posušenih paradižnikov, odcejenih in grobo narezanih
- 14-unčna pločevinka srčkov artičok, odcejenih in razčetverjenih
- 2 ½ zapakirane skodelice narezane bagete
- Sol in črni poper po okusu
- ⅔ skodelice feta sira, zdrobljenega
- 8 jajc
- 1 skodelica mleka
- 1 skodelica skute
- 2 žlici sesekljane sveže bazilike
- 3 žlice naribanega parmezana

NAVODILA:

a) Pečico segrejte na 350 F.
b) V veliki litoželezni ponvi na srednjem ognju segrejte olivno olje. Dodajte in čebulo pražimo 3 minute ali dokler se ne zmehča.
c) Vmešajte špinačo in kuhajte, dokler se ne odmrzne in ne izpusti večine tekočine izhlapelo. Izklopite toploto.
d) Vmešajte na soncu posušene paradižnike, srčke artičok in bageto, dokler ni dobro razdeljen. Začinite s soljo, črnim poprom in potresite feta sir na vrhu; dati na stran.
e) V srednji skledi stepemo jajca, mleko, skuto in baziliko. Nalijte mešanico čez špinačno mešanico in z žlico nežno potrkajte po jajcu premešajte, da se dobro porazdeli. Po vrhu potresemo parmezan.

f) Ponev prestavimo v pečico in pečemo 35 do 45 minut ali do zlate barve rjavo na vrhu in jajca.
g) Odstranite ponev; narežite plast na kolesca in postrezite toplo.

3.Limonine meringue palačinke

SESTAVINE:
MERINGUE
- 4 veliki beljaki
- 3 žlice sladkorja

PALAČINKE
- 2 jajci
- ½ skodelice skute
- ½ čajne žličke vanilijevega ekstrakta
- 1 žlica medu
- ¼ skodelice pirine moke
- ½ čajne žličke pecilnega praška
- ¼ čajne žličke sode bikarbone
- 2 žlički mešanice limoninega želeja brez sladkorja

NAVODILA:
ZA MERINGUE
a)   Dodajte beljake v skledo za mešanje in stepajte dokler ne nastanejo mehki snegovi. Mehki vrhovi se pojavijo, ko metlice potegnete iz mešanice in vrh se oblikuje, vendar hitro pade.

b)   Beljakom dodamo sladkor in stepamo dokler ne nastane čvrst sneg. Trdi vrhovi se pojavijo, ko metlice potegnete iz mešanice in se vrh oblikuje in obdrži svojo obliko.

c)   Meringo odstavimo.

d)   Jajca, skuto, vanilijo in med stepemo in odstavimo.

e)   V drugi skledi zmešajte suhe sestavine, dokler se dobro ne povežejo.

f)   Dodajte mokre sestavine k suhim sestavinam in mešajte, dokler se temeljito ne premešajo.

g) Ponev ali rešetko, ki se ne sprijema, izdatno poškropite z rastlinskim oljem in segrejte na zmernem ognju.

h) Ko je ponev vroča, dodajte testo z merilno skodelico za $\frac{1}{4}$ skodelice in jo vlijte v ponev, da pripravite palačinke. Z merilno skodelico si pomagajte pri oblikovanju palačinke.

i) Pecite, dokler se stranice ne strdijo in na sredini ne nastanejo mehurčki (približno 2 do 3 minute), nato pa palačinko obrnite.

j) Ko je palačinka na tej strani pečena, jo odstavimo z ognja in preložimo na krožnik.

k) Nadaljujte s temi koraki s preostalim delom testa.

l) Zgornje palačinke z meringo.

m) Če želite nazdraviti meringue, lahko uporabite baklo, da robove rahlo porjavite, ali pa palačinke pod vročim brojlerjem popnite 2 do 3 minute.

4. Skutni rogljički

SESTAVINE:

ZA TESTO:
- ⅔ skodelice mleka
- 1¼ skodelice (150 g) skute ¼ skodelice (60 g, 2 unči) masla
- 1 jajce
- ⅓ skodelice (60 g, 2,4 unč) sladkorja
- 4 skodelice (500 g, 18 unč) večnamenske moke
- 1 čajna žlička vanilijevega sladkorja
- 1½ čajne žličke aktivnega suhega kvasa
- ½ čajne žličke soli

ZA GLAZURO:
- 1 rumenjak
- 2 žlici mleka
- 2 žlici sesekljanih mandljev

NAVODILA:

a) Testo zgnetemo v kruhomatu. Pustimo počivati in vzhajati 45 minut.

b) Testo, pripravljeno za kuhanje, razvaljajte v krog s premerom 16 palcev (40 cm) in ga razdelite na 12 trikotnih sektorjev. Vsak trikotnik zvijte navzgor, začnite s širokim robom.

c) Zvitke položimo na pekač, obložen z naoljenim peki papirjem, in jih namažemo z mešanico za glazuro. Pokrijte z brisačo in pustite počivati 30 minut.

d) Pečico segrejte na 400 stopinj F (200 stopinj C).

e) Pečemo v predhodno ogreti pečici do zlato rjave barve 15 minut.

5. Skutine palačinke

SESTAVINE:

- ¼ skodelice pirine moke
- ½ čajne žličke pecilnega praška
- ¼ čajne žličke sode bikarbone
- ⅛ čajne žličke cimeta
- ⅛ čajne žličke soli
- 2 veliki jajci, pretepeni
- ½ skodelice 2% skute z nizko vsebnostjo maščob
- 1 žlica medu
- ½ čajne žličke vanilijevega ekstrakta
- Jagode, za serviranje (neobvezno)

NAVODILA:

a) Dodajte vse suhe sestavine v skledo in mešajte, dokler se dobro ne združijo.
b) V ločeni skledi zmešajte mokre sestavine.
c) Suhim sestavinam dodamo mokre sestavine in jih dobro premešamo.
d) Pustite testo počivati 5 do 10 minut. To omogoči, da se vse sestavine združijo in dobite boljšo konsistenco testa.
e) Ponev ali rešetko, ki se ne sprijema, izdatno poškropite z rastlinskim oljem in segrejte na zmernem ognju.
f) Ko je ponev vroča, dodajte testo z merilno skodelico za ¼ skodelice in jo vlijte v ponev, da pripravite palačinke. Z merilno skodelico si pomagajte pri oblikovanju palačinke.
g) Pecite, dokler se stranice ne strdijo in na sredini ne nastanejo mehurčki (približno 2 do 3 minute), nato pa palačinko obrnite.

h) Ko je palačinka na tej strani pečena, jo odstavimo z ognja in preložimo na krožnik.
i) Nadaljujte s temi koraki s preostalim delom testa. Po želji postrezite z jagodami.

6. Ključne limetine palačinke s sirom

SESTAVINE:
- 2 jajci
- ½ skodelice skute
- ½ čajne žličke vanilijevega ekstrakta
- 1 žlica medu
- Lupina iz 1 limete
- ¼ skodelice pirine moke
- ½ čajne žličke pecilnega praška
- ¼ čajne žličke sode bikarbone
- 2 čajni žlički limetine jell-o mešanice brez sladkorja

NAVODILA:
a) Jajca, skuto, vanilijo, med in limetino lupinico stepemo in odstavimo.
b) V drugi skledi zmešajte preostale sestavine, dokler se dobro ne povežejo.
c) Dodajte mokre sestavine k suhim sestavinam in mešajte, dokler se temeljito ne premešajo.
d) Ponev ali rešetko, ki se ne sprijema, izdatno poškropite z rastlinskim oljem in segrejte na zmernem ognju.
e) Ko je ponev vroča, dodajte testo z merilno skodelico za ¼ skodelice in jo vlijte v ponev, da pripravite palačinke. Z merilno skodelico si pomagajte pri oblikovanju palačinke.
f) Pecite, dokler se stranice ne strdijo in na sredini ne nastanejo mehurčki (približno 2 do 3 minute), nato pa palačinko obrnite.
g) Ko je palačinka na tej strani pečena, jo odstavimo z ognja in preložimo na krožnik.
h) Nadaljujte s temi koraki s preostalim delom testa.

7. Sirna špinačna palačinka str

SESTAVINE:

- 3 jajca
- 1 skodelica mleka
- 1 žlica stopljenega masla
- ¾ skodelice večnamenske moke
- ¼ čajne žličke soli
- 2 skodelici naribanega Havartija, švicarski OR
- Mozzarella sir, razdeljen
- 2 skodelici Cottage
- ¼ skodelice naribanega parmezana
- 1 jajce, rahlo stepeno
- Pakiranje zmrznjene sesekljane špinače po 10 unč
- 300g, odmrznjeno in ožeto suho
- ¼ čajne žličke soli
- ⅛ čajne žličke popra
- 1½ skodelice paradižnikove omake

NAVODILA ZA CREPATE:

a) Sestavine 5 sekund mešajte v mešalniku ali kuhinjskem robotu.

b) Postrgajte po straneh in testo mešajte še 20 sekund. Pokrijte in pustite stati vsaj 30 minut.

c) Na srednjem ognju segrejte 8-palčno ponev z neoprijemljivim oprijemom. Premažemo s stopljenim maslom. Mešajte testo. V ponev vlijemo približno 3 žlice testa in hitro prevrnemo ponev, da prekrijemo dno. Kuhajte, dokler dno rahlo ne porjavi, približno 45 sekund. Crêpe obrnite z lopatko in kuhajte približno 20 sekund dlje.

d) Prestavimo na krožnik. Ponovite s preostalim testom in ponev namažite z malo stopljenega masla, preden spečete vsako palačinko.

ZA NADEV:
e) Rezervirajte $\frac{1}{2}$ skodelice sira Havarti. Združite preostale sestavine. Na vsako palačinko položite $\frac{1}{2}$ skodelice sirnega nadeva in zvijte.

f) Položite s šivi navzdol v pomaščen pekač velikosti 13x9 palcev. Na vrh prelijemo s paradižnikovo omako. Potresemo s prihranjenim sirom Havarti. Pecite v pečici pri 375 F 20 do 25 minut ali dokler se ne segreje.

8. Skutne sladice iz mešanega jagodičevja

SESTAVINE:
PALAČINKE:
- 16 unč majhne skute skute
- 1 čajna žlička vanilijevega ekstrakta
- 3 žlice medu
- 4 velika jajca
- 1 skodelica večnamenske moke
- 1 čajna žlička sode bikarbone
- 2 žlici rastlinskega olja

PRELIV IZ MEŠANIH JAGODIČEV:
- 2 skodelici mešanega jagodičevja (jagode, borovnice, maline)
- 2 žlici medu
- ½ čajne žličke limonine lupinice

NEOBVEZNI OKRAS:
- Listi mete (neobvezno)
- Kisla smetana
- javorjev sirup
- Dodatno sveže sadje

NAVODILA:
PALAČINKE:
a) V srednji skledi zmešajte 4 velika jajca, dokler niso dobro stepena. Dodajte 16 unč skute, 1 čajno žličko vanilijevega ekstrakta in 3 žlice medu. Mešajte, dokler se temeljito ne premeša.

b) V ločeni skledi zmešajte 1 skodelico večnamenske moke in 1 čajno žličko sode bikarbone. Prepričajte se, da v mešanici moke ni grudic.

c) Postopoma vmešajte suhe sestavine v mokre, dokler ne nastane gladka masa za palačinke.

d) Na srednjem ognju segrejte veliko ponev proti prijemanju in dodajte 2 žlici rastlinskega olja.

e) Ko se olje segreje, v ponev za vsako palačinko damo zvrhano jedilno žlico mase za palačinke.

f) Palačinke pečemo, dokler niso zlate in napihnjene, približno 2-3 minute na stran. Za zmanjšanje nereda uporabite zaščito pred škropljenjem.

g) Pečene palačinke preložimo na krožnik in pokrijemo s čisto kuhinjsko krpo, da ostanejo tople, medtem ko pečemo preostalo serijo.

PRELIV IZ MEŠANIH JAGODIČEV:

h) V ločeni skledi zmešajte 2 skodelici mešanega jagodičevja, 2 žlici medu in ½ čajne žličke limonine lupinice.

i) Nežno premešajte, da prekrijete jagode.

SERVIRANJE:

j) Tople palačinke postrezite s prelivom iz mešanega jagodičevja.

k) Dodate lahko tudi kanček kisle smetane, kanček javorjevega sirupa, liste mete ali dodatno sveže sadje za dodaten okus.

9. Gâteau De Crêpes a La Florentine

SESTAVINE:
SMETNA OMAKA S SIROM, ŠPINAČO IN GOBAMI

- 4 JŽ masla
- 5 Tb fluorida
- 2¾ skodelice vročega mleka
- ½ žličke soli
- Poper in muškatni orešček
- ¼ skodelice težke smetane
- 1 skodelica grobo naribanega švicarskega sira
- 1½ skodelice kuhane sesekljane špinače
- 1 skodelica kremnega sira ali skute
- 1 jajce
- 1 skodelica na kocke narezanih svežih gob, predhodno prepraženih na maslu z 2 JŽ mlete šalotke ali kapesato

SESTAVLJANJE IN PEKA

- 24 kuhanih palačink, premera 6 do 7 palcev
- Rahlo namazan pekač
- 1 JŽ masla

NAVODILA:

a) Za omako stopimo maslo, vmešamo moko in brez barvila počasi kuhamo 2 minuti; odstranite z ognja, dodajte mleko, sol, poper in muškatni orešček po okusu. Med mešanjem kuhajte 1 minuto, nato vmešajte smetano in vse razen 2 žlic švicarskega sira; za trenutek pokuhajte, nato popravite začimbe.

b) V špinačo vmešamo nekaj žlic omake in previdno začinimo. Kremni sir ali skuto stepemo z jajcem, gobami in več žlicami omake v gosto pasto; pravilne začimbe.

c) Pečico segrejte na 375 stopinj.

d) Na dno rahlo namaščenega pekača razporedimo palačinko, namažemo s špinačo, pokrijemo s palačinko, namažemo s plastjo sirno-gobove mešanice in tako nadaljujemo s preostalimi palačinkami in 2 nadevoma. ki zaključi gomilo s krepko.

e) Preostalo sirovo omako prelijemo čez kup, potresemo s preostalima 2 žlicama naribanega švicarskega sira in pokapljamo z žlico masla.

f) Hladite v hladilniku za 30 do 40 minut pred serviranjem, nato postavite v zgornjo tretjino predhodno ogrete pečice, dokler ne zavre vročina in sirni preliv rahlo porjavi.

10. Skuta s sadjem

SESTAVINE:
- 1 skodelica skute
- 1/2 skodelice narezanih breskev
- 1/2 skodelice narezanih jagod
- 1/4 skodelice sesekljanih orehov
- 1 žlica medu

NAVODILA:
a) V skledi zmešamo skuto in med.
b) Po vrhu potresemo narezane breskve, narezane jagode in sesekljane orehe.

11. Berry Blast Protein Fruit Bowl

SESTAVINE:
- 1 skodelica skute
- 1/2 skodelice mešanega jagodičevja (kot so acai, jagode, borovnice in maline)
- 1/4 skodelice granole
- 1 žlica chia semen
- 1 žlica medu (neobvezno)

NAVODILA:
a) Za osnovo v skledo naložimo skuto.
b) Zmiksano jagodičevje raztresemo po skuti.
c) Čez jagode potresemo granolo in chia semena.
d) Za dodatno sladkost po želji pokapajte med po skledi.
e) Postrezite in uživajte v jagodni dobroti!

12. Ohrovt, paprika in zdrobljena feta omleta

SESTAVINE:

- 8 jajc, dobro stepenih
- 1 skodelica rdeče paprike, narezane na kocke
- 1/4 skodelice zelene čebule (drobno sesekljane)
- 1/2 skodelice zdrobljene fete
- 3/4 skodelice ohrovta, sesekljanega
- 2 žlici olivnega olja
- 1/2 žličke italijanske začimbe
- Sol in sveže mlet poper po okusu
- Kisla smetana ali skuta (po želji)

NAVODILA:

a) V veliki ponvi segrejte olje na srednji do visoki temperaturi. Dodamo narezan ohrovt in kuhamo približno 3-4 minute.

b) Rdečo papriko operemo in nasekljamo. Narežite zeleno čebulo in zdrobite feto. Dno počasnega kuhalnika namažite z olivnim oljem. V Slow Cooker z ohrovtom dodajte sesekljano rdečo papriko in narezano zeleno čebulo.

c) V majhni skledi stepite jajca in jih prelijte čez ostale sestavine v počasnem kuhalniku. Dobro premešamo in dodamo italijanske začimbe. Sol in poper prilagodite okusu.

d) Kuhajte na NIZKI 2-3 ure.

13. Fritata s klobaso in sirom

SESTAVINE:

- 8 jajc
- 1 lb klobase
- 1 skodelica skute
- 2 žlički pecilnega praška
- 1 skodelica mleka
- 3 paradižniki, narezani
- 2 oz parmezanskega sira, naribanega
- 6 oz cheddar sira, naribanega
- Poper
- Sol

NAVODILA:

a) Klobaso prepražimo v ponvi in odstavimo.
b) V skledi stepemo jajca z mlekom, pecilnim praškom, poprom in soljo.
c) Dodamo klobaso, skuto, paradižnik, parmezan in cheddar sir ter dobro premešamo.
d) Jajčno zmes vlijemo v pomaščen pekač.
e) Izberite način pečenja, nato nastavite temperaturo na 350 °F in čas 45 minut. Pritisnite start.
f) Ko je pečica Ninja Foodi Digital Air Fryer vnaprej segreta, postavite pekač v pečico.
g) Narežemo in postrežemo.

14. Skutni kvašeni zvitki

SESTAVINE:

- 2 paketa (po 1/4 unče) aktivnega suhega kvasa
- 1/2 skodelice tople vode (110 ° do 115 °)
- 2 skodelici (16 unč) 4% skute
- 2 jajci
- 1/4 skodelice sladkorja
- 2 čajni žlički soli
- 1/2 čajne žličke sode bikarbone
- 4-1/2 skodelice večnamenske moke

NAVODILA:

a) V veliki skledi raztopite kvas v topli vodi. V majhni kozici segrejte skuto na 110 ° -115 °. Kvasni mešanici dodamo jajca, skuto, sol, sladkor, 2 skodelici moke in sodo bikarbono. Stepajte do gladkega. Vmešajte toliko ostankov moke, da nastane čvrsto testo (testo bi bilo lepljivo).

b) Obrnemo na pomokano površino; gnetemo približno 6 do 8 minut, dokler ne postane elastično in gladko. Položite v namaščeno skledo in enkrat obrnite, da namastite vrh.

c) Pokrito naj vzhaja na toplem približno 1 uro, dokler se ne podvoji.

d) Preluknjajte testo navzdol. Obrnite se na rahlo pomokano površino; narežemo na 30 kosov. Vsak kos oblikujemo v zvitek. Na pomaščene pekače položite 2 cm narazen. Pokrijte in pustite vzhajati približno 30 minut, dokler se ne podvoji.

e) Pečemo pri 350 ° skoraj 10 do 12 minut ali dokler ne dobijo zlato rjave barve. Odnesite na rešetke.

15. Čebulni kruh s koprom

SESTAVINE:

- 2 žlički aktivnega suhega kvasa
- 3-1/2 skodelice moke za kruh
- 1 čajna žlička soli
- 1 jajce
- 3/4 skodelice smetanove skute
- 3/4 skodelice kisle smetane
- 3 žlice sladkorja
- 3 žlice sesekljane posušene čebule
- 2 žlici semena kopra
- 1-1/2 žlici masla

NAVODILA:

a) Prve štiri sestavine dajte v pekač kruhomata po navedenem vrstnem redu. Preostale sestavine zmešajte v ponvi in nato segrevajte do toplega (ne zavrite).

b) Prenesite v pekač za kruh.

c) Aparat nastavite na nastavitev "bel kruh" in nato pecite po navodilih kruhomata.

16. Proteinski močni vaflji

SESTAVINE:

- 6 velikih jajc
- 2 skodelici skute
- 2 skodelici staromodnega valjanega ovsa
- ½ čajne žličke vanilijevega ekstrakta
- Ščepec košer soli
- 3 skodelice nemastnega navadnega jogurta
- 1 ½ skodelice malin
- 1 ½ skodelice borovnic

NAVODILA:

a) Segrejte pekač za vaflje na srednjo moč. Zgornji in spodnji del likalnika rahlo naoljite ali premažite s pršilom proti prijemanju.

b) V mešalniku zmešajte jajca, skuto, oves, vanilijo in sol ter mešajte do gladkega.

c) Pičlo ½ skodelice jajčne mešanice vlijte v pekač za vaflje, nežno zaprite in kuhajte do zlato rjave in hrustljave barve 4 do 5 minut.

d) Vaflje, jogurt, maline in borovnice položite v posode za pripravo obrokov.

17. Ukrajinski hašiš za zajtrk

SESTAVINE:

- 10 yukon gold ali russet krompirjev, narezanih na kocke
- 2 žlici svežega kopra, sesekljanega
- 1 čebula (srednje) sesekljana
- ⅔ skodelice iztisnjene in drobno narezane tekočine iz kislega zelja,
- 1 375-gramski obroč dvojno dimljene ukrajinske klobase, narezan na kroge
- 2 ½ skodelice narezanih gob
- 1 sesekljana zelena paprika
- 2 žlici rastlinskega olja
- 3 žlice masla
- 1 skodelica suhe skute
- 2 strta stroka česna d
- 1 čajna žlička soli
- ½ čajne žličke popra
- jajca

NAVODILA:

a) Krompir narežite na kocke in ga kuhajte v mikrovalovni pečici na nepokritem krožniku/krožniku približno 15 minut ali dokler vilice zlahka prebijejo koščke krompirja, vendar so še vedno čvrsti/obdržali obliko.

b) Medtem: segrejte olje v veliki ponvi/ponvi na srednje visoko in pražite kubasso/kielbaso 3-4 minute, redno mešajte in obračajte, nato odstranite na krožnik. Dati na stran.

c) V ponev dodajte še 1 žlico jedilnega olja, nato pa na srednje nizki temperaturi 5 minut pražite zeleno papriko, čebulo in česen. Dodamo gobe in kuhamo še 3-4 minute. Odložite v ločeno skledo.

d) V ponev dodajte maslo in kuhajte krompir, ob rednem mešanju in obračanju, 15 minut, dokler zunaj ne porjavi in znotraj ni mehak.

e) Nato dodajte mešanico zelene paprike/čebule nazaj v ponev, kot tudi kubasso, kislo zelje, suho skuto, posodo in kuhajte, mešajte, še približno 10 minut.

f) Če uporabljate jajca: skuhajte jajca po svojih željah in jih položite na hašiš.

18. Sendviči za zajtrk

SESTAVINE:

- 1 jajce
- 1 žlica suhe skute
- ½ čajne žličke kopra
- 1 žlica kisle smetane
- ⅓ skodelice narezane ukrajinske kielbase
- 1 čajna žlička gorčice
- ½ čajne žličke hrena
- 1 polnozrnat angleški mafin
- 2 rezini paradižnika

NAVODILA:

a) Toast angleški muffin.

b) Notranjost skodelice za kavo popršite s pršilom za kuhanje proti prijemanju. Jajce razbijemo v model in dodamo suho skuto in koper. Nežno premešajte za sekundo in poskušajte ne zlomiti rumenjaka.

c) Jajčno mešanico postavite v mikrovalovno pečico za 30 - 40 sekund (s pokrovom) ali dokler se jajce ne strdi. Nežno zrahljajte z nožem med notranjostjo kalupa in jajcem.

d) Skupaj zmešamo kislo smetano, hren in gorčico. Enakomerno porazdelite po obeh straneh angleškega muffina.

e) Eno stran angleškega muffina obložite z narezano kielbaso in nežno potisnite kuhano jajce iz vrčka na vrh kielbase.

f) Dodamo narezan paradižnik. Na vrh položite drugo polovico angleškega muffina.

g) Postrezite takoj.

19. బabbka

SESTAVINE:
- 1 paket aktivnega suhega kvasa
- ščepec sladkorja
- ¼ skodelice tople vode
- ½ skodelice nesoljenega masla, stopljenega
- ¼ skodelice sladkorja
- 1½ čajne žličke soli
- 2 žlički vanilijevega ekstrakta
- ½ čajne žličke mandljevega ekstrakta
- ¾ skodelice toplega mleka
- 3 jajca
- 4 skodelice nebeljene večnamenske moke
- 2 žlici nesoljenega masla za ščetkanje testa
- 3 žlice vanilijevega sladkorja v prahu ali sladkorja v prahu
- 1½ skodelice suhe skute
- ⅓ skodelice sladkorja
- 1½ žlice kisle smetane
- 1½ žlice moke
- 1 vsako jajce
- 1 čajna žlička limonine lupinice
- ½ čajne žličke vanilijevega ekstrakta
- 3 žlice ribeza
- 2 žlici konjaka 1/2 ure

NAVODILA:
a) V majhni skledi potresemo kvas in sladkor s toplo vodo in mešamo, da se raztopita. Pustite stati, dokler se ne speni, približno 10 minut. V veliki skledi zmešajte maslo, sladkor, sol, vanilijo, mandlje, mleko, jajca in 1 skodelico

moke. Stepajte do gladkega z metlico. Dodamo mešanico kvasa. Stepajte 3 minute ali dokler ni gladka.

b) Dodajte moko, ½ skodelice naenkrat z leseno žlico, dokler ne nastane mehko testo. Testo zvrnemo na rahlo pomokano površino in gnetemo, dokler ni gladko in svilnato, približno 5 minut.

c) Pazimo, da testo ostane mehko. Položite v namaščeno skledo, enkrat obrnite, da namastite vrh, in pokrijte s plastično folijo. Pustite vzhajati na toplem, dokler se ne podvoji, približno 1 uro in pol. Medtem v skledi zmešajte sestavine za nadev, stepite do kremaste mase. Testo nežno izpraznite, ga obrnite na rahlo pomokano desko in razvaljajte ali potapkajte v pravokotnik 10 x 12 palcev.

d) Premažemo s stopljenim maslom. Namažite z nadevom, tako da pustite ½ palčni rob okrog testa. Modno zvijte žele rolado in stisnite šive. Testo držite za en konec in zasukajte približno 6- do 8-krat, da naredite vrv.

e) Oblikujte v ploščat zvitek in ga položite v dobro namaščen model za 10 do 12 skodelic ali cevko. Stisnite konce skupaj in prilagodite testo, da enakomerno leži v pekaču, ne več kot ⅔ polnega.

f) Ohlapno pokrijte s plastično folijo in pustite vzhajati, dokler se ne izenači z vrhom pekača, približno 45 minut. Pečemo v predhodno ogreti pečici na 350 stopinj F. 40 do 45 minut ali dokler ne postanejo zlato rjave barve in tester za torto ne pride ven čist. Ob dotiku bo slišan prazen zvok. Pustimo stati 5 minut v pekaču, nato pa ga prestavimo iz pekača na rešetko, da se popolnoma ohladi.

g) Pustite stati 4 ure ali čez noč, zavite v plastiko, preden jih narežete. Posujte s sladkorjem v prahu ali pokapajte glazuro s sladkorjem v prahu.

20. Fritate z rdečo papriko in skuto

SESTAVINE:

- ½ rdeče paprike, narezane na kocke
- 2 veliki jajci iz proste reje v Združenem kraljestvu (ZDA zelo velika).
- 4 žlice skute
- 1 žlica sveže naribanega parmezana
- 2 mladi čebuli (glava čebula), narezani na rezine
- 2 žlički sveže sesekljanega peteršilja
- ščepec sveže nastrganega muškatnega oreščka
- ščepec sveže mletega črnega popra
- ščepec morske (košer) soli

NAVODILA:

a) Pečico segrejte na 180C z ventilatorjem, 350F, plinska oznaka 6.

b) Namastite 2 ramekina, primerna za pečico, in jih položite na pekač.

c) Rdeči papriki odstranite semena in jedro ter jo narežite na kocke. Mlado čebulo (glavo čebulo) drobno narežemo. Peteršilj sesekljajte.

d) Jajca razbijte v skledo. Začinite z morsko (košer) soljo, poprom in izdatno naribanim muškatnim oreščkom ter rahlo premešajte.

e) Dodamo skuto, rdečo papriko, mlado čebulo in sesekljan peteršilj. Zmes porazdelite med ramekine in potresite po naribanem parmezanu.

f) Pecite 18-20 minut ali dokler se ravno ne strdi. Pustite, da se malo ohladi, preden ga vzamete iz modela in postrežete.

g) Te lahko jeste tople ali ohlajene in zapakirane v zaprto embalažo za zajtrk na poti.

21. Quiche z morskimi sadeži brez skorje

SESTAVINE:

- 4 jajca
- 1 skodelica kisle smetane
- 1 skodelica skute z nizko vsebnostjo maščob
- ½ skodelice parmezana
- 4 žlice moke
- 1 čajna žlička čebule v prahu
- ¼ čajne žličke soli
- 4 unče konzerviranih gob; izsušeno
- ½ funta sira Monterey Jack
- 8 unč solatnih kozic
- 1 čajna žlička limonine lupinice
- 1 žlica lističev zelene čebule,
- 8 unč rakovice ali surimija
- 1 čajna žlička limonine lupinice
- ¼ skodelice narezanih mandljev
- 15½ unč konzerviranega rdečega lososa
- ½ čajne žličke kopra

NAVODILA:

a) V blenderju zmešajte prvih 7 sestavin. Mešajte do gladkega. V posodo za quiche razporedite sir, morske sadeže, gobe in začimbe. Nalijte zmešane sestavine čez.

b) Pečemo pri 350 stopinjah F. 45 minut ali dokler nož, vstavljen v sredino, ne pride ven čist.

c) Pred rezanjem pustite stati 5 minut

22. Amiška enolončnica za zajtrk

SESTAVINE:
- 1/2 funta slanine
- 1/2 funta klobase za zajtrk
- 1/2 čajne žličke soli
- 1/2 čajne žličke črnega popra
- 1/4 čajne žličke česna v prahu
- 1 čajna žlička pekoče omake
- 2 večja pečena krompirja, ohlajena in nastrgana
- 1 majhna čebula, drobno narezana
- 8 unč ostrega sira cheddar, naribanega - razdeljenega
- 8 unč švicarskega sira, nastrganega - razdeljenega
- 6 jajc, rahlo stepenih
- 1 1/2 skodelice skute

NAVODILA:
a) Začnite s kuhanjem slanine in klobase. Svojo slanino rad pečem v pečici. Velik obrobljen pekač le obložite s folijo, slanino položite na pladenj, pazite, da se kosi ne dotikajo. Pekač s slanino postavimo v HLADNO pečico na srednjo polico.
b) Pečico vklopite na 400 stopinj in pustite, da se slanina peče približno 18-22 minut ali dokler slanina ni lepa in hrustljava.
c) Medtem ko se slanina kuha, dušimo klobaso, dokler ni kuhana. Odstranite iz ponve in klobaso odložite na krožnik, obložen s papirnato brisačo. V isti ponvi prepražimo na kocke narezano čebulo. Prav tako lahko dušite katero koli drugo zelenjavo, ki jo želite vključiti v tem času (rdeča ali zelena paprika, bučke, gobe itd.).
d) Ko je slanina pečena, pekač previdno vzamemo iz pečice, slanino pa preložimo na krožnik, obložen s

papirnatimi brisačkami. Ko se je slanina nekaj minut odcedila, slanino in klobaso narežite na majhne koščke.

e) V veliki skledi zmešajte nariban krompir s soljo, črnim poprom, česnom v prahu in pekočo omako. Vmešajte skuto in vse razen 1/4-1/2 skodelice čedarja in švicarskega sira (to boste uporabili za vrh).

f) Vmešajte slanino in klobaso, vendar ne pozabite rezervirati 1/4 skodelice vsakega za vrh.

g) Nato vmešajte poljubno dušeno zelenjavo.

h) Vmešajte 6 jajc, ki ste jih rahlo stepli.

i) Namastite pekač velikosti 9 x 13 palcev ali dva manjša pekača, če želite eno enolončnico pojesti zdaj, eno pa zamrzniti pozneje. Zmes razporedite po pekaču(ih). Na vrh z rezerviranim sirom, slanino in klobaso.

j) Na tej točki, če to delate vnaprej, pokrijte enolončnico s folijo in jo postavite v

k) hladilnik. Približno 30 minut, preden ga boste pekli, ga vzemite iz hladilnika, da se začne segrevati na sobno temperaturo.

l) Če ga nameravate delati in peči hkrati, pečico segrejte na 350 stopinj.

m) Pecite enolončnico 35-40 minut oziroma dokler se ves sir ne stopi in začne brbotati ter se enolončnica postavi na sredino. V tem času lahko enolončnico vzamete iz pečice ali pa vklopite brojlerja in enolončnico pražite nekaj minut, da se sir zapeče.

n) Pustite, da se enolončnica ohladi nekaj minut, nato jo narežite na kose in postrezite.

PRIGRIZKI IN PREDJEDI

23. Pomaranče, polnjene s skuto

SESTAVINE:
- 4 pomaranče
- $\frac{1}{2}$ skodelice skute
- $\frac{1}{4}$ skodelice posušenih brusnic
- $\frac{1}{4}$ skodelice sesekljanih pistacij ali orehov orehov
- Med za prelivanje

NAVODILA:
a) Odrežite zgornji in spodnji del vsake pomaranče, tako da izpostavite meso.
b) Notranjost pomaranče zarežemo po notranjosti in ločimo meso od lupine.
c) V skledi zmešamo skuto, suhe brusnice in sesekljane pistacije.
d) Vsako pomarančo napolnimo s skutno mešanico.
e) Nadevane pomaranče pokapljamo z medom.
f) Postrežemo ohlajeno.

24. Špinačne empanade

SESTAVINE:
ZA PECIVO:
- 16 unč kremnega sira, zmehčanega
- ¾ skodelice masla, zmehčanega
- 2 ½ skodelice moke
- ½ čajne žličke soli

ZA NADEV:
- ¼ skodelice čebule, drobno sesekljane
- 3 stroki česna, sesekljani
- 4 rezine slanine, kuhane in zdrobljene
- 1 žlica slanine
- 10 unč špinače, zamrznjene, odmrznjene in odcejene
- 1 skodelica skute
- ¼ čajne žličke popra
- ⅛ čajne žličke mletega muškatnega oreščka
- 1 jajce, pretepeno

NAVODILA:
ZA PECIVO:
a) V veliki skledi za mešanje stepite zmehčan kremni sir in zmehčano maslo do gladkega. Za to lahko uporabite stoječi mešalnik, saj je zmes težka.
b) Postopoma dodajamo moko in sol. Testo rahlo pregnetite z rokami, dokler se ne združi.
c) Testo pokrijemo s plastično folijo in postavimo v hladilnik za vsaj 3 ure.

ZA NADEV:
d) V srednji ponvi kuhajte sesekljano čebulo in sesekljan česen v slanini, dokler se čebula ne zmehča, vendar ne porjavi.

e) Primešamo nadrobljeno slanino, odmrznjeno in odcejeno špinačo, skuto, poper in mleti muškatni orešček. Pustite, da se mešanica ohladi.

SESTAVLJANJE:

f) Pečico segrejte na 450 °F (230 °C).

g) Ohlajeno pecivo na pomokani površini razvaljamo na $\frac{1}{8}$ palca debelo.

h) S 3-palčnim okroglim rezalnikom iz peciva izrežite kroge.

i) Na eno stran vsakega kroga peciva položite približno 1 čajno žličko pripravljenega nadeva, tik izven sredine.

j) Rob testenega kroga navlažimo s stepenim jajcem.

k) Pecivo prepognemo na pol čez nadev, tako da dobimo polkrožno empanado.

l) Robove zatesnite tako, da jih pritisnete z vilicami.

m) Z vilicami prebodite vrh vsakega peciva, da ustvarite odprtino.

n) Empanade položite na nenamaščen pekač.

o) Vrhove empanad premažite s stepenim jajcem.

p) Pečemo v ogreti pečici 10 do 12 minut oziroma dokler ne postanejo zlato rjave barve.

q) Uživajte v okusnih špinačnih empanadah!

25. Azijski skutni krekerji

SESTAVINE:

- 400 gramov skute
- 200 gramov koktajl paradižnika
- 160 gramov moke
- 1 skodelica sveže bazilike
- 1 skodelica svežega drobnjaka
- 1 žlica oljčnega olja
- 1 žlica azijskih zelišč
- Ščepec grobe morske soli
- Ščepec celih mavričnih poprovih zrn

NAVODILA:

a) Pečico segrejte na 200 °C (392 °F), da zagotovite najboljše rezultate vaših krekerjev.

b) Začnite s pranjem koktajl paradižnikov, jim odstranite sok in semena ter jih na drobno narežite. Svežo baziliko in drobnjak na tanko narežemo.

c) V skledi z moko zmešamo skuto, svežo baziliko in svež drobnjak. Mešanico po svojem okusu začinite s ščepcem morske soli Kotányi in mavričnim poprom. Vmešajte 1 žlico azijskih zelišč Kotányi in dobro premešajte.

d) Pekač obložite s peki papirjem in ga pokapajte z olivnim oljem. Zmes oblikujemo v kroge in jih položimo na pladenj. Pečemo v predhodno ogreti pečici približno 8-10 minut. Ne pozabite, da kroge na polovici časa pečenja obrnete in jih obložite z drobno narezanimi paradižniki.

26. Mesne kroglice za cocktail party

SESTAVINE:
- ¼ skodelice Skuta brez maščobe
- 2 beljaka
- 2 čajni žlički Worcestershire omaka
- ½ skodelice Plus 2 žlici navadnih krušnih drobtin
- 8 unč mletih puranjih prsi
- 6 unč turške klobase; odstraniti iz ohišij
- 2 žlici Mleta čebula
- 2 žlici Mleta zelena paprika
- ½ skodelice Narezane liste svežega peteršilja in zelene

NAVODILA:
a) Pekač za piškote popršite s pršilom proti prijemanju in ga postavite na stran.
b) V veliki skledi zmešajte skuto, beljake, Worcestershire omako in ½ skodelice krušnih drobtin. Vmešajte puranje prsi, puranje klobase, čebulo in zeleno papriko.
c) Iz perutninske mešanice oblikujte 32 mesnih kroglic. Na listu voščenega papirja zmešajte peteršilj, liste zelene in preostali 2 žlici krušnih drobtin. Mesne kroglice povaljajte v mešanici peteršilja, dokler niso enakomerno prekrite.
d) Mesne kroglice prenesite na pripravljen pekač za piškote. Pecite 3 do 4 cm od vročine 10 do 12 minut.

27. Vetrnice s skuto in ananasom

SESTAVINE:
- 2 1 oz 30 g rezine belega kruha brez skorje
- 2 žlički namaza z nizko vsebnostjo maščob.
- 2 unči 60 g skute z nizko vsebnostjo maščob z ananasom
- Drobno sesekljani mandlji ali nesoljeni arašidi

NAVODILA:
a) Rezine kruha enakomerno premažemo z nemastnim namazom.
b) 2 žlički skute prihranimo, preostanek pa porazdelimo med kruhov namaz, da prekrije površino.
c) Zvijte v oblike klobas
d) Prihranjeno skuto z žličko pretlačimo do gladkega in nato rahlo porazdelimo po dolžini zvitega sendviča.
e) Sesekljane oreščke rahlo popečemo in jih potresemo po zvitku. Postrezite takoj.

28. Desertni bučkini ocvrtki

SESTAVINE:
- 2 jajci
- ⅔ skodelice skute z nizko vsebnostjo maščob
- 2 rezini belega ali WW kruha zdrobljen
- 6 žličk sladkorja
- 1 črtica soli
- ½ čajne žličke pecilnega praška
- 2 žlički rastlinskega olja
- 1 čajna žlička vanilijevega ekstrakta
- ½ čajne žličke mletega cimeta
- ¼ čajne žličke mletega muškatnega oreščka
- ⅛ čajne žličke mletega pimenta
- 2 žlici rozin
- 1 skodelica Na koncu narezane neolupljene bučke

NAVODILA:
a) Zmešajte vse sestavine razen rozin in bučk. Mešajte do gladkega.
b) Zmes vlijemo v skledo.
c) V jajčno zmes vmešamo bučke in rozine.
d) Segrejte ponev ali rešetko, ki se ne sprijema, na srednje močnem ognju.
e) Z veliko žlico spustite testo na rešetko in naredite 4-palčne torte.
f) Ocvrtke previdno obrnite, ko so robovi suhi.

29. Čilski sirni sufle kvadratki

SESTAVINE:
- 8 žlic pravega masla
- ½ skodelice moke
- 1 čajna žlička pecilnega praška
- kanček soli
- 10 jajc
- 7 unč lahko štiri pražene zelene čilije, odcejene
- 2 skodelici skute
- 1 funt sira Monterey Jack, naribanega

NAVODILA:
a) Maslo narežite na velike kose in ga položite v pekač 9×13.
b) Pekač postavimo v pečico in segrejemo na 400 stopinj.
c) V veliki skledi za mešanje zmešajte moko, pecilni prašek in sol.
d) Dodamo 1-2 jajci in mešanico stepamo, da ni grudic.
e) Dodajte preostala jajca in stepajte do gladkega.
f) Vmešajte zeleni čili, skuto in jack sir ter mešajte, dokler se le ne združi.
g) Pekač vzamemo iz pečice in pekač nagnemo, da se maslo prekrije, nato maslo previdno vlijemo v jajčno zmes in premešamo, da se združi.
h) Zmes vlijemo nazaj v toplo ponev.
i) Ko je pečica segreta, damo pekač v pečico in pečemo 15 minut.
j) Zmanjšajte toploto na 350 in kuhajte dodatnih 35-40 minut ali dokler vrh ne postane zlate barve in rahlo porjavi.
k) Pustite, da se ohladi 10 minut, preden ga narežete na kvadratke in postrežete.

30. Špinačni zavitki

SESTAVINE:
- 6 unč rezancev za lazanjo, nekuhanih
- 10 unč špinače, zamrznjene
- 1 skodelica skute z nizko vsebnostjo maščob 2%
- 2 žlici naribanega parmezana
- $\frac{3}{4}$ čajne žličke muškatnega oreščka
- $\frac{1}{4}$ čajne žličke popra
- $\frac{1}{2}$ čajne žličke pomarančne lupine
- $\frac{1}{2}$ žlice mletega stroka česna
- $\frac{1}{2}$ skodelice sesekljane čebule
- 3 žlice ekstra deviškega oljčnega olja
- $\frac{1}{2}$ žlice posušene bazilike
- 16 unč paradižnikove omake, v pločevinkah

NAVODILA:
a) Medtem ko se kuha 8 rezancev za lazanjo.
b) Zmešajte sestavine od 2 do 7 za nadev.
c) Kuhane rezance ohladimo in razporedimo.
d) Kuhane rezance namažemo z dvema ali tremi žlicami nadeva in jih zvijemo do konca.
e) Postavi se v dvolitrski lonec ali pomaščen osempalčni kvadratni pekač.
f) Iz ostalih sestavin pripravimo omako.
g) Na olivnem olju prepražimo česen in čebulo do mehkega.
h) Dodajte baziliko in paradižnikovo omako. Mešajte, da se popolnoma premeša.
i) Prelijemo čez rezance za lazanjo in pečemo 20 minut pri 350 °C.

31. Jagodne skutne ploščice

SESTAVINE:
- 16 unč škatla skute
- 2 žlici moke
- $\frac{3}{4}$ skodelice sladkorja
- 2 jajci, dobro stepeni
- Naribana limonina lupinica
- 2 žlici limoninega soka
- $\frac{1}{4}$ skodelice težke smetane
- Ščepec soli
- 2 čajni žlički vanilije
- $\frac{1}{2}$ čajne žličke muškatnega oreščka
- $\frac{1}{2}$ skodelice zlatih rozin
- $\frac{1}{2}$ skodelice sesekljanih orehov
- 1 skodelica svežih jagod, oluščenih in narezanih ter več za okras
- Listi mete, dva okrasa

NAVODILA:
a) Pečico segrejte na 350 °F (175 °C).
b) Pripravite pekač tako, da ga namastite s pršilom ali maslom.
PRIPRAVITE NADEV:
c) V veliki skledi zmešajte skuto, moko, sladkor, limonino lupinico, limonin sok, smetano, sol, vanilijo, muškatni orešček in zlate rozine.
d) Mešajte toliko časa, da se vse sestavine dobro povežejo.
e) V mešanico nežno vmešajte narezane sveže jagode. Jagode bodo ploščicam dodale pridih sadnega okusa.
PEKA:

f) Zmes vlijemo v pripravljen pekač in jo enakomerno razporedimo.
g) Po vrhu potresemo sesekljane orehe.
h) Pečemo približno 45 minut ali dokler se palice ne strdijo.
i) Ko ste pečeni, lahko po vrhu potresete še malo muškatnega oreščka za dodaten okus.
j) Okrasite z nekaj svežimi jagodami in listi mete.
k) Pred rezanjem ohladimo.

32. Polnjeni jajčevci

SESTAVINE:
- 4 majhne jajčevce, po dolžini prepolovljene
- 1 čajna žlička svežega limetinega soka
- 1 čajna žlička rastlinskega olja
- 1 majhna čebula, sesekljana
- ¼ čajne žličke sesekljanega česna
- ½ majhnega paradižnika, narezanega
- Sol in mleti črni poper po potrebi
- 1 žlica sesekljane skute
- ¼ zelene paprike, brez semen in sesekljane
- 1 žlica paradižnikove paste
- 1 žlica svežega cilantra, sesekljanega

NAVODILA:
a) Vsakemu jajčevcu po dolžini previdno odrežite rezino z ene strani.
b) Z majhno žlico iz vsakega jajčevca izdolbite meso in pustite debelo lupino.
c) Meso jajčevcev prenesite v skledo.
d) Jajčevce enakomerno pokapamo z limetinim sokom.
e) Pritisnite gumb AIR OVEN MODE na digitalni pečici Ninja Foodi Air Fryer in obrnite gumb, da izberete način »Air Fry«.
f) Pritisnite gumb ČAS/REZINE in ponovno obrnite gumb, da nastavite čas kuhanja na 3 minute.
g) Zdaj pritisnite gumb TEMP/SHADE in zavrtite gumb, da nastavite temperaturo na 320 °F.
h) Za začetek pritisnite gumb "Start/Stop".
i) Ko enota zapiska, da pokaže, da je predgreta, odprite vrata pečice.
j) Izdolbene jajčevce razporedimo v pomaščeno košaro za cvrtje in vstavimo v pečico.

k) Medtem v ponvi na zmernem ognju segrejemo olje in na njem približno 2 minuti pražimo čebulo in česen.
l) Dodajte meso jajčevcev, paradižnik, sol in črni poper ter pražite približno 2 minuti.
m) Vmešajte sir, papriko, paradižnikovo pasto in koriander ter kuhajte približno 1 minuto.
n) Ponev z zelenjavno mešanico odstavite z ognja.
o) Ko je čas pečenja potekel, odprite vrata pečice in kuhane jajčevce razporedite po krožniku.
p) Vsak jajčevec nadevajte z zelenjavno mešanico.
q) Vsako zapremo z odrezanim delom.

33. Polnjene gobe s sirom

SESTAVINE:
- 1 žlica masla, zmehčanega
- 1 šalotka, sesekljana
- 2 stroka česna, nasekljana
- 1 ½ skodelice skute, pri sobni temperaturi
- 1/2 skodelice sira Romano, naribanega
- 1 rdeča paprika, sesekljana
- 1 zelena paprika, sesekljana
- 1 jalapeno paprika, mleta
- 1/2 čajne žličke posušene bazilike
- 1/2 čajne žličke posušenega origana
- 1/2 čajne žličke posušenega rožmarina
- 10 srednje velikih gob brez pecljev

NAVODILA:
a) Pritisnite gumb "Sauté", da segrejete svoj instant lonec. Ko je vroče, stopite maslo in dušite šalotko, da postane mehka in prosojna.
b) Vmešajte česen in kuhajte dodatnih 30 sekund ali dokler ne zadiši. Zdaj dodajte preostale sestavine, razen gobjih klobukov, in premešajte, da se dobro povežejo.
c) Nato s to mešanico napolnimo gobje klobuke.
d) V Instant Lonec dodajte 1 skodelico vode in košaro za kuhanje na pari. Nadevane gobe razporedimo v košaro za soparnik.
e) Zavarujte pokrov. Izberite način »Ročno« in Visoki tlak; kuhamo 5 minut. Ko je kuhanje končano, uporabite hitro sprostitev pritiska; previdno odstranite pokrov.
f) Nadevane gobe razporedimo po servirnem krožniku in postrežemo. Uživajte!

34. Skutine kroglice s čokoladno glazuro

SESTAVINE:

- 500 gramov mastne skute
- 300 gramov kokosovega olja
- 2 žlici. Škoda
- 100 gramov temne čokolade
- 50 ml smetane

NAVODILA:

a) V veliki posodi za mešanje zmešajte skuto in kožo. Mešajte 200 gramov kokosovega olja, dokler zmes ni enakomerne barve.

b) Oblikujte majhne kroglice in jih nato položite v posodo, preden jih zamrznete za 15 minut. V vodni kopeli na majhnem ognju stopite koščke čokolade. Dodati je treba 100 gramov kokosovega olja in smetane.

c) Po vmešanju mase kuhamo 5 minut. Zamrznjene skutne kroglice, potem ko jih premažemo s čokoladno glazuro, postavimo za 25 minut v zamrzovalnik.

35. Skutne kroglice s sezamom

SESTAVINE:

- 16 unč kmečkega sira ali skute
- 1 skodelica drobno sesekljanih mandljev
- 1 in 1/2 skodelice ovsenih kosmičev

NAVODILA:

a) V veliki skledi zmešajte zmešano skuto, mandlje in ovsene kosmiče.

b) Naredite kroglice in jih povaljajte v mešanici sezamovih semen.

36. Skutni piškoti

SESTAVINE:
- ½ skodelice masla ali nadomestka masla
- 1½ skodelice moke
- 2 žlički pecilnega praška
- ½ skodelice skute
- ½ skodelice sladkorja
- ½ čajne žličke soli

NAVODILA:
a) Kremno maslo in sir stepajte, dokler se temeljito ne zmešata. Moko presejemo, odmerimo in presejemo s sladkorjem, pecilnim praškom in soljo. Postopoma dodajte prvi mešanici. Oblikujte v štruco. Ohladite čez noč. Narežite na tanko.

b) Položimo na rahlo naoljen pekač. Pečemo v zmerni pečici (400 F) 10 minut ali do občutljivo rjave barve.

37. Ovseni piškoti iz skute

SESTAVINE:
- 1 skodelica moke
- 1 čajna žlička soli
- ½ čajne žličke sode bikarbone
- 1 čajna žlička cimeta
- 1½ skodelice sladkorja
- ½ skodelice melase
- 1 Stepite jajce
- 1 čajna žlička limonine lupinice
- 1 žlica limoninega soka
- ¾ skodelice stopljenega masti
- ½ skodelice kremne skute
- 3 skodelice ovsenih kosmičev za hitro kuhanje

NAVODILA:
a) Skupaj presejemo moko, sol, sodo bikarbono in cimet. Zmešajte naslednjih pet sestavin , nato dodajte mešanico presejane moke, mast in skuto.

b) Zmešajte valjane ovse. Po polne čajne žličke ga dodajajte na pomaščen pekač za piškote in pecite pri 350-375°C do konca.

38. Sous Vide jajčni ugrizi

SESTAVINE:
- 1/2 čajne žličke soli
- 4 jajca
- 4 rezine slanine, sesekljane
- 3/4 skodelice naribanega parmezana
- 1/2 skodelice skute, naribane
- 1/4 skodelice težke smetane
- 1 skodelica vode

NAVODILA:
a) Vklopite instant lonec, pritisnite gumb za dušenje/dušenje, počakajte, da se segreje in dodajte slanino.
b) Nasekljano slanino kuhamo 5 minut ali več, dokler ne postane hrustljava, jo preložimo na krožnik, obložen s papirnatimi brisačkami, pustimo počivati 5 minut in jo nato zdrobimo.
c) V skledo razbijemo jajca, začinimo s soljo, dodamo sire in smetano ter zmešamo do gladkega. Nadrobljeno slanino enakomerno porazdelimo po modelčkih silikonskega pekača, namazanega z oljem, nato do 3/4 prelijemo z jajčno zmesjo in pekač narahlo pokrijemo s folijo.
d) Pritisnite gumb za ohranjanje toplote, nalijte vodo v instant lonec, nato vstavite stojalo in nanj položite silikonski pladenj.
e) Zaprite instant lonec s pokrovom v zaprtem položaju, nato pritisnite gumb za paro, pritisnite »+/-«, da nastavite čas kuhanja na 8 minut in kuhajte pri nastavitvi visokega tlaka; ko v loncu naraste pritisk, se zažene časovnik kuhanja.

f) Ko instant lonec brni, pritisnite gumb za ohranjanje toplote, naravno sprostite pritisk 10 minut, nato hitro sprostite pritisk in odprite pokrov. Pladenj vzamemo ven, ga odkrijemo in ponev zvrnemo na krožnik, da poberemo jajčne grižljaje.

39. Polena zelene

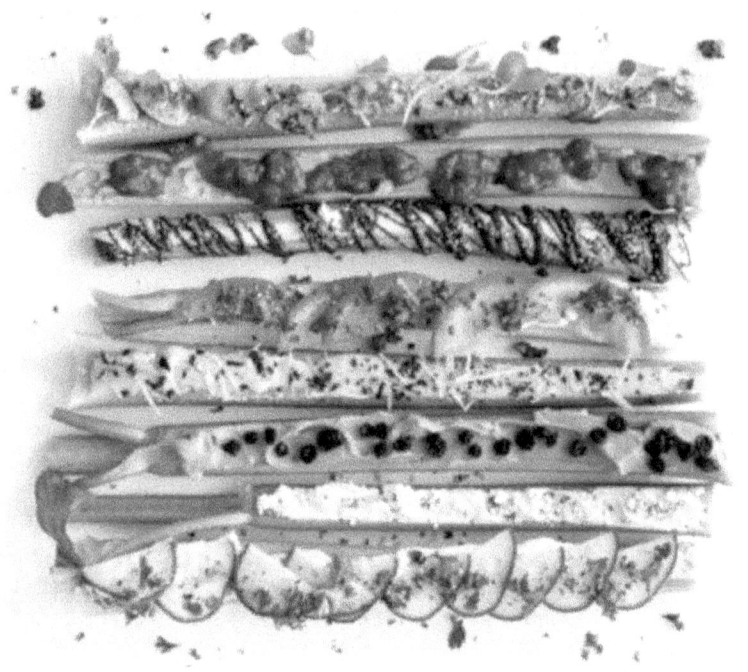

SESTAVINE:

- 1 korenček, nastrgan
- ¼ skodelice rozin
- ½ skodelice skute z nizko vsebnostjo maščob
- 6 stebel zelene, narezanih na 3-palčne kose

NAVODILA:

a) V manjši skledici zmešamo korenje, rozine in skuto.
b) Kose zelene prelijte z mešanico.

40. Skuto polnjeni šampinjoni

SESTAVINE:
- 12 večjih gob, očiščenih in očiščenih pecljev
- 1 skodelica skute
- 1/4 skodelice naribanega sira mozzarella
- 2 žlici svežega peteršilja, sesekljanega
- 1/2 čajne žličke česna v prahu
- Sol in poper po okusu

NAVODILA:
a) Pečico segrejte na 375 °F (190 °C).
b) V skledi zmešajte skuto, mocarelo, sesekljan peteršilj in česen v prahu.
c) Začinite s soljo in poprom ter prilagodite okusu.
d) Vsak gobji klobuk nadevamo s skutno mešanico.
e) Nadevane gobe zložimo na pekač.
f) Pečemo 15-20 minut oziroma dokler se gobe ne zmehčajo in sir stopi in zlato porumeni.
g) Postrezite vroče kot okusno predjed ali prilogo.

41. Pomaka iz skute in špinače

SESTAVINE:
- 1 skodelica skute
- 1 skodelica sveže špinače, drobno sesekljane
- 1/4 skodelice naribanega parmezana
- 2 stroka česna, nasekljana
- 1 čajna žlička limoninega soka
- Sol in poper po okusu

NAVODILA:
a) V sekljalniku zmešamo skuto, narezano špinačo, nariban parmezan, sesekljan česen in limonin sok.
b) Mešajte, dokler zmes ni gladka.
c) Začinite s soljo in poprom ter prilagodite okusu.
d) Prenesite pomak v servirno skledo.
e) Postrezite s svežo zelenjavo, krekerji ali pita kruhom.

SENDVIČI, ZAVITKI IN BURGERJI

42. Burgerji iz maroške jagnjetine in harise

SESTAVINE:

- 500 g jagnjetine
- 2 žlici harissa paste
- 1 žlica kuminovih semen
- 2 šopka dedinega korenja
- ½ šopka mete, nabranih listov
- 1 žlica rdečega vinskega kisa
- 80 g rdečega sira Leicester, grobo naribanega
- 4 brioš žemljice s semeni, razrezane
- ⅓ skodelice (65 g) skute

NAVODILA:

a) Pekač obložimo s peki papirjem. Mleto meso dajte v skledo in izdatno začinite. Dodajte 1 žlico harise in s čistimi rokami dobro premešajte.

b) Jagnjetino zmes oblikujemo v 4 polpete in potresemo s kuminimi semeni. Položite na pripravljen pladenj, pokrijte in ohladite, dokler ni potrebno (poleske pred kuhanjem segrejte na sobno temperaturo).

c) Medtem v posodi zmešajte korenček, meto in kis ter pustite, da se rahlo okisa.

d) Ponev za žar ali žar segrejte na srednje visoko temperaturo. Polpete pečemo na žaru 4-5 minut na vsaki strani ali dokler se ne naredi dobra skorjica. Potresemo s sirom, nato pokrijemo (uporabimo folijo, če uporabljamo ponev za žar) in brez obračanja pečemo še 3 minute ali dokler se sir ne stopi in polpeti niso pečeni.

e) Brioche pecite na žaru, s prerezano stranjo navzdol, 30 sekund ali dokler niso rahlo popečene. Skuto razdelite na dno žemljic, nato pa prelijte mešanico vloženega korenčka.

f) Dodajte polpete in preostalo 1 žlico harise. Odprite pokrove in jih stisnite tako, da harisa steče po straneh in se zatakne vanje.

43. Brusketa iz blitve

SESTAVINE:

- ½ funta rdeče blitve
- 4 stroki česna, sesekljani
- Neoprijemljivo pršilo za kuhanje z oljčnim oljem
- 2 žlici vode
- 1 žlica mletega kopra
- Sol in poper
- ½ skodelice nemastne skute
- 24 rezin francoskega kruha, popečenih
- 2 žlički masla
- ½ skodelice svežih krušnih drobtin

NAVODILA:

a) Blitvi odstranite peclje in jo narežite na ½-palčne kose. Liste narežite na 2-palčne kose.

b) Na zmernem ognju v ponvi, poškropljeni z nelepljivim razpršilom za kuhanje, pražite nasekljana stebla blitve in 2 stroka česna 1 minuto.

c) Dodamo vodo, zmanjšamo ogenj in pokrito dušimo približno 10 minut, dokler se ne zmehča.

d) Vmešajte sesekljane liste blitve in kuhajte na močnem ognju, dokler ne oveni, 1 do 2 minuti.

e) Zmanjšajte ogenj, pokrijte in dušite še 10 minut.

f) Odstavite z ognja in vmešajte koper. Po okusu začinimo s soljo in poprom. Dati na stran.

g) Skuto pretlačite v mešalniku ali kuhinjskem robotu do gladkega.

h) Vmešajte sol po okusu. V majhni ponvi na srednje nizkem ognju stopite maslo.

i) Dodajte preostala 2 stroka česna in med mešanjem pražite približno 1 minuto, dokler se ne zmehča, vendar ne porjavi.

j) Vmešajte krušne drobtine, da jih prekrijete s česnom in maslom, ter med mešanjem kuhajte, dokler ne porjavijo, 1 do 2 minuti.

k) Na vsako rezino popečenega kruha namažemo približno 1 žličko pasirane skute.

l) Na vrh damo približno 1 žlico blitve, nato pa potresemo s popečenimi drobtinami.

44. Paneer Bhurji sendvič

SESTAVINE:
- ½ čajne žličke zelenega čilija, sesekljanega
- 1 ½ žlice svežega koriandra, sesekljanega
- 4 rezine kruha
- ½ skodelice skute
- 2 žlici paradižnika
- ¼ čajne žličke popra v prahu
- Ščepec kurkume v prahu
- ¼ čajne žličke semen kumine
- Sol
- 1 ½ čajne žličke prečiščenega masla

NAVODILA:
a) V ponvi segrejte ghee ali olje in dodajte semena kumine.
b) Ko semena začnejo prasketati, dodamo zelene čilije in premešamo.
c) Za nekaj sekund mešajte sesekljan paradižnik, oziroma dokler se ne zmehča.
d) Zmešajte kurkumo in paneer.
e) Vmešajte poper v prahu in sol ter mešajte nekaj sekund.
f) V ponvi vmešamo sesekljan koriander.
g) Eno stran vsake štruce kruha namažite z maslom.
h) Rezino položimo na žar in po njej razporedimo polovico nadeva za paneer.
i) Pokrijte z drugim kosom kruha z masleno stranjo navzgor in pecite na žaru do zlate barve.
j) Odstranite z žara in razrežite na dva dela.

45. Burritos z govedino in sirom

SESTAVINE:

- 4 unče mleta govedina, pusta
- 4 zelene čebule, narezane na rezine
- 1 strok česna, mlet
- ½ skodelice salse
- ½ skodelice skute z nizko vsebnostjo maščob
- 1 čajna žlička koruznega škroba
- ¼ čajne žličke posušenega origana. zdrobljen
- 2 tortilji iz moke, 6 palcev
- ¼ skodelice sira Mozzarella, naribanega

NAVODILA:

a) V majhni ponvi kuhajte mleto govedino, čebulo in česen, dokler govedina ni več rožnata in čebula ni mehka. Odcedite sod.
b) Zmešajte 2T salse, skute, koruznega škroba in origana. Dodajte mesni mešanici v ponvi.
c) Kuhajte in mešajte, dokler se ne zgosti in mehurčkasto. Kuhajte in mešajte še 2 minuti.
d) Mesno mešanico razdelite med tortilje; zavihamo. Pokrijte in hranite na toplem. V isti ponvi segrejte preostalo salso. Prelijemo čez buritose. Po vrhu potresemo s sirom.

46. Jabolko na žaru na mafinih iz kislega testa

SESTAVINE:
- 1 manjše jabolko Red Delicious
- ½ skodelice skute
- 3 žlice drobno narezane vijolične čebule
- 2 Angleška mafina iz kislega testa, razrezana in popečena
- ¼ skodelice zdrobljenega modrega sira

NAVODILA:
a) V manjši skledici zmešajte skuto in čebulo ter dobro premešajte.
b) Na vsako polovico muffina namažemo približno 2 žlički skutne zmesi.
c) Na vsako skodelico za mafine položite 1 jabolčni obroček; enakomerno po jabolčnih kolobarjih potresemo nadrobljen modri sir.
d) Položite na pekač in pecite na žaru 1-12 minut ali dokler se modri sir ne stopi, 3 cm od ognja.

47. Chipotle Cheddar Quesadilla

SESTAVINE:

- 4 tortilje
- 2 skodelici skute
- 2 skodelici sira Cheddar, naribanega)
- 1 rdeča paprika, narezana na tanke rezine)
- 1 skodelica gob Portobello, narezana na tanke rezine
- 2-3 žlice začimbe Chipotle
- Blaga salsa (za namakanje)

NAVODILA:

a) Dodajte papriko (narezano, rdečo) in gobe (narezane) v veliko ponev na žaru na srednjem ognju.
b) Kuhajte približno 10 minut do mehkega. Odstranite in nato prenesite v skledo (srednje). Dati na stran.
c) V majhno skledo dodajte začimbe za čipotle in skuto. Dobro premešajte, da se vključi.
d) Tortilje položimo na žar ponev in čez tortilje prelijemo zelenjavno mešanico.
e) Po vrhu potresemo mešanico skute in nato po vrhu dodamo čedar sir (nastrgan).
f) Na vrh nadeva položite dodatno tortiljo.
g) Kuhajte približno 2 minuti, nato obrnite in nadaljujte s kuhanjem še eno minuto.
h) Postopek ponovite s preostalimi tortiljami in nadevom.
i) Takoj postrezite s salso (blago).

GLAVNA JED

48. Jabolko in sir na žaru

SESTAVINE:

- 1 majhna Jabolko Red Delicious
- ½ skodelice 1% skute z nizko vsebnostjo maščob
- 3 žlice Drobno sesekljana vijolična čebula
- 2 Angleški mafini iz kislega testa, razrezani in popečeni
- ¼ skodelice Zdrobljen modri sir

NAVODILA:

a) Izrežite jabolko in prečno narežite na 4 (¼-palčne) kolobarje; dati na stran.

b) V manjši posodi združite skuto in čebulo ter dobro premešajte. Na vsako polovico mafina namažite približno 2-½ žlici skutne mešanice.

c) Na vsako polovico muffina položite 1 jabolčni obroček; po jabolčnih kolobarjih enakomerno potresemo nadrobljen modri sir. Položimo na pekač.

d) Pražite 3 cm od toplote 1-½ minute ali dokler se modri sir ne stopi.

49. Sirni ravioli z rožmarinom in limono

SESTAVINE:
- 1 paket (16 unč) raviolov s sirom
- 1 skodelica skute brez maščobe
- ½ skodelice evaporiranega posnetega mleka
- 1 čajna žlička posušenega rožmarina
- ¼ čajne žličke soli
- ¼ čajne žličke sveže mletega črnega popra
- 2 žlički svežega limoninega soka
- ¼ skodelice drobno naribanega parmezana
- 3 žlice narezanega svežega drobnjaka
- 1 čajna žlička drobno naribane limonine lupinice
- Limonine rezine; neobvezno

NAVODILA:
a) Testenine skuhamo po embalaži. Odcedimo in odstavimo.
b) Po potrebi pokrijemo, da ostane toplo.
c) Medtem v mešalniku ali kuhinjskem robotu zmiksajte ali predelajte skuto, mleko, rožmarin, sol in poper, dokler ni gladka. Skutno zmes odstavimo.
d) Zmešajte parmezan, drobnjak in limonino lupino.
e) Raviole odcedimo in prestavimo v skledo. Vroče raviole pokapajte z limoninim sokom in nežno premešajte. Nato na vrh vlijemo mešanico skute in nežno premešamo, dokler ni prekrita.
f) Za serviranje raviole preložite na krožnike.
g) Na vsako porcijo potresemo mešanico sira, drobnjaka in limonine lupinice. Po želji postrežemo z rezinami limone.

50. Ravioli lazanja

SESTAVINE:
- 1 zavitek raviolov z zamrznjenim sirom
- 20 unč skute
- 2 jajci
- 10 unč zamrznjene špinače
- 2 skodelici sira Mozzarella; razrezana
- ½ skodelice parmezana; nariban
- 1 čajna žlička italijanske začimbe ali začimbe za pico
- Omaka za špagete z mesom

NAVODILA:
a) Pripravite svojo najljubšo omako za špagete z mesom.
b) Zmešajte skuto, začimbe, jajca, parmezan, špinačo in 1 skodelico mocarele.
c) V velik pravokoten pekač naložimo omako, polovico raviolov, polovico sirne zmesi, drugo plast omake, drugo polovico raviolov, preostanek sirne zmesi in zaključimo s plastjo omake.
d) Pečemo pri 300 stopinjah približno 30 minut.
e) Na vrh položite preostali sir mocarela in vrnite v pečico, dokler se sir ne stopi.

51. Carbquik pita z lazanjo

SESTAVINE:

- ½ skodelice skute
- ¼ skodelice naribanega parmezana
- 1 funt mlete govedine, porjavele in odcejene
- 1 skodelica naribanega sira mozzarella, razdeljena
- 1 čajna žlička posušenega origana
- ½ čajne žličke posušene bazilike
- 6 unč paradižnikove paste
- 1 skodelica odštevanja ogljikovih hidratov 2%
- 2 veliki jajci
- ⅔ skodelice Carbquik
- 1 čajna žlička soli
- ¼ čajne žličke popra

NAVODILA:

a) Pečico segrejte na 400 °F (375 °F, če uporabljate steklen pekač). Namastite 8-palčni kvadratni pekač in ga postavite na stran.

b) V pripravljen pekač razporedimo skuto in nariban parmezan.

c) V skledi za mešanje zmešajte kuhano mleto govedino, ½ skodelice mocarele, posušen origano, posušeno baziliko (ali italijansko začimbo) in paradižnikovo pasto. To mešanico enakomerno razporedite po plasteh sira.

d) V drugi posodi stepite mleko, jajca, Carbquik, sol in poper, dokler zmes ni gladka. Mešalnik lahko uporabljate pri visoki temperaturi 15 sekund ali ročni stepalnik 1 minuto.

e) Mešanico jajc in Carbquik vlijemo v ponev čez plasti govedine in sira.

f) Pecite v predhodno ogreti pečici, dokler pita ni zlato rjava in nož, vstavljen v sredino, ne pride čist, kar naj traja približno 30 do 35 minut.

g) Po vrhu potresemo preostali sir mocarela in pito pustimo stati 5 minut, preden jo postrežemo.

h) Uživajte v svoji piti z lazanjo, krepki jedi z malo ogljikovimi hidrati, ki spominja na klasično lazanjo!

52. Lazanja v skodelici

SESTAVINE:
- 2 lista testenin za lazanjo, pripravljena za postrežbo
- 6 unč vode
- 1 čajna žlička olivnega olja ali spreja za kuhanje
- 3 žlice omake za pico
- 4 žlice rikote ali skute
- 3 žlice špinače
- 1 žlica sira Cheddar
- 2 žlici kuhane klobase

NAVODILA:
a) Liste za lazanjo nalomite in jih pravilno položite v model.
b) Poškropite z oljčnim oljem, preprečite prijemanje.
c) Lazanjo pokrijte z vodo.
d) Kuhajte 4 minute v mikrovalovni pečici ali dokler testenine ne postanejo mehke.
e) Odstranite vodo in testenine odstavite.
f) V isto skodelico dodajte omako za pico in nekaj testenin v skodelici.
g) V plasteh dodajte špinačo, rikoto in klobaso.
h) Po vrhu potresemo cheddar sir.
i) Ponovno nadaljujte s plastmi, začenši s testeninami.
j) Postavite v mikrovalovno pečico in pokrijte s pokrovom, primernim za mikrovalovno pečico.
k) Kuhajte v mikrovalovni pečici 3 minute.
l) Pustite, da se ohladi 2 minuti in uživajte.

53. Focaccia al formaggio

SESTAVINE:
- 1 funt testa za zamrznjeni kruh; odmrznjen
- 1 jajce
- 1 skodelica skute
- 2 žlici parmezana
- ½ čajne žličke posušene bazilike
- ½ čajne žličke posušenih listov origana
- ¼ čajne žličke česnove soli
- ¼ čajne žličke popra
- ¾ skodelice pripravljene omake za pico
- 3 unče mozzarelle

NAVODILA:
a) Testo za kruh razdelite na pol. Pritisnite in raztegnite eno polovico v pomaščen pekač velikosti 13x9", tako da testo potisnete navzgor, da oblikujete plitek rob. V skledi stepite jajce, vmešajte preostale sestavine razen omake za pico in mocarele.

b) Enakomerno porazdelite po testu. Preostalo polovico testa raztegnite, da se prilega pekaču, položite čez nadev in pritisnite robove testa, da se popolnoma zaprejo. Pustite vzhajati na toplem, dokler se ne podvoji približno 1 uro.

c) Pizza omako enakomerno namažemo po vrhu kruhovega testa, potresemo z mocarelo.

d) Pecite 375, 30 minut, dokler robovi ne postanejo skorji in se sir stopi.

e) Ohladite 5 minut. Narežemo na kvadratke.

54. mesna štruca s sirom

SESTAVINE:

- 2 jajci
- 1 funt sira mozzarella, narezanega na kocke
- 2 funta mletega purana
- 2 žlički italijanske začimbe
- $\frac{1}{4}$ skodelice bazilikinega pesta
- $\frac{1}{2}$ skodelice parmezana, naribanega
- $\frac{1}{2}$ skodelice marinara omake, brez sladkorja
- 1 skodelica skute
- 1 čajna žlička soli

NAVODILA:

a) Postavite stojalo v spodnji položaj in zaprite vrata. Izberite način pečenja, nastavite temperaturo na 390 °F in nastavite časovnik na 40 minut. Za predgretje pritisnite gumb za nastavitev.

b) Enolončnico namastimo z maslom in odstavimo.

c) Dodajte vse sestavine v veliko skledo in mešajte, dokler se dobro ne povežejo.

d) Mešanico prenesite v enolončnico.

e) Ko je enota predgreta, odprite vrata, postavite enolončnico na rešetko in zaprite vrata.

f) Postrezite in uživajte.

55. English Cottage Pie Lasagna

SESTAVINE:
- 9 rezancev za lazanjo
- 1 funt mlete govedine
- 1 čebula, sesekljana
- 2 korenčka, drobno sesekljana
- 1 skodelica zamrznjenega graha
- 2 stroka česna, nasekljana
- 1 žlica Worcestershire omake
- 1 čajna žlička posušenega timijana
- 1 čajna žlička posušenega rožmarina
- ½ čajne žličke soli
- ¼ čajne žličke črnega popra
- 2 skodelici pire krompirja
- 1 skodelica naribanega cheddar sira

NAVODILA:
a) Pečico segrejte na 375 °F (190 °C) in rahlo namastite pekač velikosti 9x13 palcev.

b) Rezance za lazanjo skuhamo po navodilih na embalaži. Odcedimo in odstavimo.

c) V veliki ponvi kuhajte mleto govedino, sesekljano čebulo, sesekljano korenje, zamrznjen grah in sesekljan česen, dokler govedina ne porjavi in se zelenjava zmehča. Odcedite odvečno maščobo.

d) Vmešajte Worcestershire omako, posušen timijan, posušen rožmarin, sol in črni poper. Plavajte 10 minut.

e) Dno pekača namažemo s tanko plastjo mesne mešanice. Na vrh položimo tri rezance za lazanjo.

f) Čez rezance razporedimo plast pire krompirja, nato pa plast mesne mešanice.

g) Plasti ponovimo s tremi rezanci za lazanjo, pire krompirjem in mesno mešanico.

h) Na vrh položite preostale tri rezance za lazanjo in na vrh potresite nariban sir cheddar.

i) Pečemo 25 minut, dokler se sir ne stopi in postane mehurček.

Pustite, da se ohladi nekaj minut, preden postrežete.

56. Fižolova lazanja

SESTAVINE:

- 1 žlica rastlinskega olja
- 1 skodelica sesekljane čebule
- 3 stroki česna, sesekljani
- 14 unč konzerve paradižnikove omake
- 1 majhna pločevinka paradižnikove paste
- 3 žlice origana
- 2 žlici bazilike
- ½ čajne žličke paprike
- 1½ skodelice mešanega fižola
- 1½ skodelice skute z nizko vsebnostjo maščob
- 2 skodelici mocarele z nizko vsebnostjo maščob (naribane)
- 1 jajce
- 8 rezancev za lazanjo [kuhanih]
- 1 čajna žlička koriandrovih listov [sesekljanih]
- 2 žlici parmezana

NAVODILA:

a) Fižol namočite štiri do osem ur. V ponvi zalijemo z vodo in fižol zavremo. Plavajte 30 - 40 minut. Segrejte olje, prepražite čebulo in česen do mehkega.

b) Dodamo paradižnikovo omako, paradižnikovo pasto, origano, baziliko, papriko in kuhan, odcejen fižol. Zavremo, zmanjšamo ogenj in pustimo vreti 8-10 minut.

c) Dodajte liste koriandra.

d) Pečico segrejte na 325 F.

e) Zmešajte skuto, mocarelo in jajce. V pomaščen pekač za lazanjo položimo plast rezancev, plast fižolove zmesi in plast sirove zmesi.

f) Nadaljujte, izmenjujte rezance, fižol in sir ter zaključite s plastjo sira na vrhu.
g) Po zgornji plasti potresemo parmezan.
h) Pečemo 40 minut pri 325 F.

57. Feferoni lazanja

SESTAVINE:
- ¾ lb. mleto goveje meso
- ¼ čajne žličke mletega črnega popra
- ½ lb. salama, narezana
- 9 rezancev za lazanjo
- ½ lb. feferoni klobase, sesekljane
- 4 skodelice naribanega sira mozzarella
- 1 čebula, mleto
- 2 skodelici skute
- 2 (14,5 unč) pločevinki dušenih paradižnikov
- 9 rezin belega ameriškega sira
- 16 unč paradižnikove omake
- nariban parmezan
- 6 unč paradižnikove paste
- 1 čajna žlička česna v prahu
- 1 čajna žlička posušenega origana
- ½ čajne žličke soli

NAVODILA:
a) Feferone, govedino, čebulo in salamo pražite 10 minut. Odstranite odvečno olje. Vse skupaj z malo popra, paradižnikovo omako in pasto, soljo, dušenimi paradižniki, origanom in česnom v prahu 2 uri dajte v svoj počasen kuhalnik.
b) Pred nadaljevanjem vklopite pečico na 350 stopinj.
c) Lazanjo kuhajte v slani vodi do stanja al dente 10 minut, nato odstranite vso vodo.
d) V pekač rahlo pokrijte omako in nato položite: ⅓ rezancev, 1 ¼ skodelice mocarele, ⅔ skodelice skute, rezine ameriškega sira, 4 čajne žličke parmezana, ⅓ mesa. Nadaljujte, dokler posoda ni polna.

e) Kuhajte 30 minut.

58. Linguine s sirovo omako

SESTAVINE:

- ½ skodelice navadnega nemastnega jogurta
- 1 surovo jajce
- ⅓ skodelice 99% nemastne skute
- Sol ali sol z okusom masla
- Poper
- ½ čajne žličke origana ali začimb za pico
- 3 unče švicarskega sira, grobo naribanega
- ⅓ skodelice sveže sesekljanega peteršilja

NAVODILA:

a) V vroče linguine na hitro vmešamo jogurt, nato še jajce, da se zgosti.
b) Nato vmešajte preostale sestavine.
c) Lonec postavite na zelo majhen ogenj, dokler se sir ne stopi.

59. Rustikalna domača pita

SESTAVINE:

- Krompir Yukon Gold, olupljen in narezan na kocke
- 2 žlici veganske margarine
- 1/4 skodelice navadnega nesladkanega sojinega mleka
- Sol in sveže mlet črni poper
- 1 žlica olivnega olja
- 1 srednje velika rumena čebula, drobno sesekljana
- 1 srednje velik korenček, drobno narezan
- 1 rebro zelene, drobno sesekljano
- 12 unč sejtana , drobno sesekljanega
- 1 skodelica zamrznjenega graha
- 1 skodelica zamrznjenih koruznih zrn
- 1 čajna žlička posušene slane
- 1/2 čajne žličke posušenega timijana

NAVODILA:

a) V ponvi z vrelo slano vodo kuhajte krompir, dokler se ne zmehča, 15 do 20 minut.

b) Dobro odcedimo in vrnemo v lonec. Dodajte margarino, sojino mleko ter sol in poper po okusu.

c) S tlačilko za krompir grobo pretlačimo in odstavimo. Pečico segrejte na 350°F.

d) V večji ponvi na srednjem ognju segrejte olje. Dodamo čebulo, korenček in zeleno.

e) Pokrijte in kuhajte, dokler se ne zmehča, približno 10 minut. Zelenjavo prenesite v pekač 9 x 13 palcev. Vmešajte sejtan, gobovo omako, grah, koruzo, slanico in timijan.

f) Po okusu začinimo s soljo in poprom ter zmes enakomerno razporedimo po pekaču.

g) Na vrh položite pire krompir, ki ga razporedite do robov pekača. Pecite, dokler krompir ne porjavi in nadev postane mehurček približno 45 minut.

h) Postrezite takoj.

60. Margaritine testenine primavera

SESTAVINE:
- 1 skodelica skute z nizko vsebnostjo maščob
- 1 žlica svežega limoninega soka
- 8 unč tankih špagetov
- 1 žlica sprejemljivega rastlinskega olja
- ¼ skodelice sesekljane čebulice
- ½ skodelice sesekljane čebule
- 1 strok česna, sesekljan
- ¼ čajne žličke sveže mletega črnega popra,
- Ali dva ključa
- 2 skodelici narezanih svežih gob
- 1 skodelica narezane zelene paprike
- 1½ skodelice narezanega korenja
- 10 unč zamrznjeno brez dodane soli
- Brokoli kuhan na pari

NAVODILA:
a) S skute odlijemo morebitno tekočino. V skledi zmešamo skuto in limonin sok. Dati na stran.
b) Pripravite špagete po embalaži, brez soli.
c) Temeljito odcedite.
d) Medtem v ponvi na srednje močnem ognju segrejte olje. Dodajte čebulo, čebulo, česen in črni poper ter pražite 1 minuto4. Dodamo gobe in mešamo 1 minuto. Nato dodajte papriko, korenje in brokoli ter mešajte še 3-4 minute. Dati na stran.
e) V drugo skledo stresemo mešanico špagetov in skute, da se enakomerno prekrijejo. Povrhu z dušeno zelenjavo.

61. Monterey Jack Souffle

SESTAVINE:
- 1 funt klobase, kuhane
- 2 skodelici naribanega sira Monterey Jack
- 3 skodelice sira Cheddar, ostrega, nastrganega
- 1 skodelica naribanega sira Mozzarella
- ½ skodelice mleka
- 1 ½ skodelice moke
- 1 ½ skodelice skute
- 9 Rahlo stepena jajca
- ⅓ skodelice stopljenega masla
- 1 pločevinka majhnega zelenega čilija, narezanega na kocke

NAVODILA:
a) V pekač 9x13 razporedite polovico stopljenega masla.
b) V veliki skledi združite preostale sestavine in dobro premešajte.
c) Vlijemo v pekač 9x13.
d) Pečemo pri 375 stopinjah 50 minut ali dokler ne porjavijo in vstavljeni nož ne pride ven čist.

62. s piščancem in skuto

SESTAVINE:
- 2 funta celega piščanca, narezanega na kose
- 3 unče polnomastnega mleka
- 1 čajna žlička svežega limoninega soka
- 1/2 čajne žličke svežega naribanega ingverja
- 2 stroka česna, nasekljana
- 4 unče skute, pri sobni temperaturi
- 2 bananini šalotki, olupljeni in narezani
- 1 korenček, sesekljan
- 2 žlici masla
- 1 žlica posušenega rožmarina
- 1/4 čajne žličke mletega črnega popra
- Morska sol, dva ključa
- 4 skodelice piščančje juhe z nizko vsebnostjo natrija
- 1/2 skodelice parmezana, po možnosti sveže naribanega
- 1 žlica svežega peteršilja, sesekljanega

NAVODILA:
a) V skledo za mešanje dajte koščke piščanca, mleko, limonin sok, ingver in česen; pustite, da se marinira 1 uro v hladilniku.

b) Dodajte piščanca skupaj z marinado v svoj instant lonec. Dodamo skuto, šalotko, korenček, maslo, rožmarin, črni poper, sol in piščančjo osnovo.

c) Zavarujte pokrov. Pritisnite gumb "Juha" in kuhajte 35 minut. Ko je kuhanje končano, uporabite hitro sprostitev pritiska.

d) Odstranite piščanca iz tekočine za kuhanje. Zavrzite kosti in dodajte piščanca nazaj v instant lonec.

e) V vročo tekočino za kuhanje dodamo sveže nariban parmezan; mešajte, dokler se ne stopi in vse dobro poveže.

Prelijte v posamezne servirne sklede, okrasite s svežim peteršiljem in uživajte!

63. Manicotti s skuto

SESTAVINE:
ZA MANICOTTI:
- 6 jajc
- 2 skodelici moke
- 1½ skodelice vode
- Sol in poper po okusu

NADEV IZ RIKOTE:
- 2 funta sira (lahko lonec)
- 2 jajci
- Sol in poper
- Peteršiljevi kosmiči
- Nariban parmezan

NAVODILA:
a) Jajca, moko, vodo, sol in poper stepemo po okusu.
b) Naredite kot tanke palačinke, zelo hitro, na žaru ali ponvi (jaz jih pečem na oljčnem olju).
c) Napolnite z mešanico sira ricotta. Zavihamo. Zalijemo z omako.
d) Pečemo pri 350 stopinjah F ½ ure.
e) Enostaven nastavek za 10 minut pred serviranjem.
NADEV IZ RIKOTE:
f) Mešajte z žlico, dokler ni gladka in temeljito premešana (jaz uporabim polovico tega).

64. Mamina špinačna pita

SESTAVINE:

- 4 skodelice čedarskih krutonov ali zeliščnega krutona
- Približno 1½ funta špinačnih listov
- 8 unč sira cheddar, narezanega na ½-palčne ali več kock
- 1 funt skute
- 3 velika jajca, rahlo stepena
- 3 žlice nesoljenega masla, stopljenega
- 4 rezine slanine, pečene do hrustljave
- Sol in sveže mlet črni poper

NAVODILA:

a) Pečico segrejte na 375°F.

b) Velik lonec vode zavrite. Medtem obložite dno pekača velikosti 9 × 13 palcev z eno plastjo krutonov.

c) Ko voda zavre, vanjo dodajte liste špinače in jih premešajte. Pustite jih, da komaj ovenijo – to bo trajalo približno 10 sekund – nato jih prenesite na cedilo in jih sperite pod mrzlo vodo. Ko so dovolj ohlajeni za rokovanje, z rokami iztisnite čim več tekočine. Špinačo prenesite na desko za rezanje in jo grobo nasekljajte.

d) Dodajte špinačo v veliko skledo skupaj s cheddarjem, skuto, jajci in stopljenim maslom. Z rokami zdrobite slanino v skledo in mešanico mešajte, dokler se dobro ne poveže. Začinimo jo s soljo in poprom, pri tem pa upoštevajmo, da ima že slanina veliko soli.

e) Špinačno mešanico položite čez krutone v enakomerni plasti. Posodo prestavite v pečico in pecite, dokler se ravno ne strdi in se sir stopi, približno 30 minut.

f) Če želite malo več barve, ga lahko dodatno minuto ali dve dokončate pod brojlerjem.

65. Enolončnica z govedino in rezanci

SESTAVINE:
- 1 paket (8 unč) srednjih rezancev
- 1/3 skodelice narezane zelene čebule
- 1/3 skodelice sesekljane zelene paprike
- 2 žlici masla
- 1 funt mlete govedine
- 1 pločevinka (6 unč) paradižnikove paste
- 1/2 skodelice kisle smetane
- 1 skodelica 4% skute
- 1 pločevinka (8 unč) paradižnikove omake

NAVODILA:
a) Skuhajte rezance po navodilih na embalaži; obremenitev.

b) Pražite zeleno papriko in čebulo z maslom v veliki ponvi, dokler se ne zmehčata, približno 3 minute. Dodajte goveje meso in kuhajte, dokler ne ostane več rožnatega. Precedite odvečno maščobo.

c) V srednje veliki skledi zmešamo kislo smetano in paradižnikovo mezgo ter vmešamo skuto in rezance. V 2-četrtinski enolončnici položite 1/2 mešanice rezancev; na vrh položite 1/2 mešanice govejega mesa. Počnite enako.

d) Enakomerno prelijemo po vrhu enolončnice s paradižnikovo omako.

e) Pečemo pri 350 °, dokler se popolnoma ne segreje, približno 30-35 minut.

66. Pečena špinača Supreme

SESTAVINE:
- 1 skodelica manj mastne mešanice za biskvit/peko
- 2 beljaka
- 1 jajce
- 1/4 skodelice mleka brez maščobe
- 1/4 skodelice drobno sesekljane čebule

POLNJENJE:
- 10 unč zamrznjene sesekljane špinače, odmrznjene in ožete
- 1-1/2 skodelice nemastne skute
- 3/4 skodelice naribanega sira Monterey Jack
- 1/2 skodelice naribanega parmezana
- 2 beljaka
- 1 jajce
- 1 čajna žlička posušene mlete čebule

NAVODILA:
a) V manjši posodi zmešajte mešanico za biskvit, čebulo, mleko, jajca in sneg iz beljakov. Dobro premešamo in nato vlijemo v pomaščen pekač velikosti 11 x 7 centimetrov.
b) V drugi posodi zmešajte sestavine za nadev. Nežno z žlico nanesite na biskvitno zmes.
c) Brez pokrova pecite v pečici 28 do 32 minut pri 350 ° ali do zlato rjave barve. Vstavite nož v sredino in mora izstopiti čist.

SOLATE IN PRILOGE

67. Zelenjavna solata s skuto

SESTAVINE:
- 3 skodelice (24 unč) 4% skute
- 1 velik zrel avokado, olupljen, razkoščičen in narezan
- 1 srednje velik paradižnik, sesekljan
- 1/4 skodelice narezanih oliv, polnjenih s pimientom
- 2 žlici narezane zelene čebule

NAVODILA:
a) V servirni skledi zmešajte prve 4 sestavine.
b) Čez potresemo čebulo.

68. Solata iz špargljev, paradižnika in skute

SESTAVINE:

- 2 šopka zelenih špargljev
- 150 g češnjevih paradižnikov
- 100 g skute
- 30 g olupljenih orehov
- 30 g pražene koruze
- 20 g olupljenih sončničnih semen
- 2 žlici kisa
- 4 žlice oljčnega olja
- Poper in sol

NAVODILA:

f) Šparglje očistimo. Šparglje najprej operemo pod curkom hladne vode, odstranimo najtrši del peclja in jih narežemo na enako velike kose.

g) Zavremo vodo in kuhamo. Med pripravo špargljev v loncu zavremo veliko slane vode, jih dodamo in kuhamo 10 minut, dokler niso mehki, a celi.

h) Prekinitev kuhanja. Ko so d1, jih odstranite z žlico z režami in jih za nekaj trenutkov potopite v posodo z ledeno vodo, da se počasi kuhajo. Tako bodo ohranili svojo intenzivno zeleno barvo. Nato jih znova odcedite, da odstranite vso vodo.

i) Pripravite ostale sestavine. Paradižnik operemo, osušimo z vpojnim papirjem in prerežemo na pol. Skuto odcedimo in zdrobimo. In orehe narežite na majhne koščke.

j) Naredite vinaigrette. Kis razporedimo po posodi. Dodamo ščepec soli in še en poper ter postopoma prilivamo olje in še naprej stepamo z vilicami, dokler ne dobimo dobro emulgiranega vinaigrette.

k) Šparglje porazdelimo v 4 sklede. Dodamo paradižnik, nadrobljeno skuto in sesekljane orehe. Obleka s prejšnjim vinaigrette.
l) In okrasite s sončničnimi semeni in popečeno koruzo.

69. Skuta in sadna solata

SESTAVINE:
- 1 skodelica skute
- 1 skodelica svežih jagod, narezanih
- 1 skodelica svežih borovnic
- 1 skodelica svežih koščkov ananasa
- 2 žlici medu
- 1/4 skodelice sesekljanih listov sveže mete

NAVODILA:
a) V veliki posodi za mešanje zmešajte skuto, jagode, borovnice in koščke ananasa.
b) Mešanico sadja in skute pokapljamo z medom.
c) Nežno premešajte, da se vse sestavine povežejo.
d) Po vrhu potresemo sesekljane liste sveže mete.
e) Postrezite takoj ali ohladite do serviranja.

70. Solata iz kumar in skute

SESTAVINE:
- 2 skodelici skute
- 2 kumari, narezani na tanke rezine
- 1 rdeča čebula, narezana na tanke rezine
- 2 žlici svežega kopra, sesekljanega
- Sol in poper po okusu

NAVODILA:
a) V veliki skledi zmešajte skuto, narezane kumare in narezano rdečo čebulo.
b) Po mešanici potresemo svež koper.
c) Začinite s soljo in poprom ter prilagodite okusu.
d) Sestavine nežno premešajte, da se povežejo.
e) Pred serviranjem hladite v hladilniku približno 30 minut.

71. Solata iz skute in paradižnika

SESTAVINE:
- 1 1/2 skodelice skute
- 2 velika paradižnika, narezana na kocke
- 1/2 rdeče čebule, drobno sesekljane
- 2 žlici sveže nasekljane bazilike
- 2 žlici olivnega olja
- Sol in poper po okusu

NAVODILA:
a) V skledi zmešamo skuto, na kocke narezan paradižnik in sesekljano rdečo čebulo.
b) Po mešanici potresemo svežo baziliko.
c) Po vrhu pokapajte oljčno olje.
d) Začinite s soljo in poprom ter prilagodite okusu.
e) Sestavine nežno premešajte.
f) Postrezite takoj ali ohladite do serviranja.

SLADICA

72. Orehov Cheesecake

SESTAVINE:
- Krhko pecivo
- 2 skodelici skute
- ½ skodelice sladkorja; granuliran
- 2 čajni žlički koruznega škroba
- ½ skodelice orehov; sesekljan,
- 3 jajca; Velik, Ločen
- ½ skodelice kisle smetane
- 1 čajna žlička limonine lupine; Nariban

NAVODILA:
a) Pečico segrejte na 325 stopinj F.
b) Skuto pretlačimo skozi cedilo in odcedimo.
c) V veliki posodi za mešanje stepite rumenjake, da postanejo svetli in penasti, nato jim počasi dodajajte sladkor in nadaljujte s stepanjem, dokler niso zelo rahli in gladki.
d) Jajčni zmesi dodajte skuto, dobro premešajte, nato dodajte kislo smetano, koruzni škrob, limonino lupinico in orehe (po želji). Mešajte, dokler niso vse sestavine dobro premešane in zmes gladka.
e) V drugi veliki posodi za mešanje stepite beljake, dokler ne nastanejo mehki snegovi, nato pa jih nežno vmešajte v testo. Zmes vlijemo v pripravljeno skorjo in pečemo približno 1 uro.
f) Pred serviranjem ohladite na sobno temperaturo.

73. Brusnično pomarančni cheesecake

SESTAVINE:
- 1 skodelica grahamovih drobtin
- 2 skodelici skute
- 1 paket lahkega kremnega sira; 8 unč
- ⅔ skodelice sladkorja
- ½ skodelice navadnega jogurta
- ¼ skodelice moke; večnamensko
- 2 skodelici brusnic
- ½ skodelice pomarančnega soka
- 1 žlica margarine; lahka, stopljena
- 2 beljaka
- 1 jajce
- 1 žlica pomarančne lupinice; nariban
- 1 čajna žlička vanilije
- ⅓ skodelice sladkorja
- 2 čajni žlički koruznega škroba

NAVODILA:
a) Zmešajte sestavine za skorjo . Pritisnite na dno 9-palčne vzmetne ponve.
b) Pečemo pri 325 stopinjah F 5 minut.
c) V kuhinjskem robotu zmešajte skuto do gladkega. Dodamo kremni sir in obdelamo do gladkega. Dodajte preostale sestavine za nadev; obdelajte do gladkega. Vlijemo v pekač. Pecite pri 325 stopinjah F 50 do 60 minut ali dokler se skoraj ne strdi na sredini.
d) Z nožem potegnite po robu torte, da jo zrahljate z oboda. Ohladite na rešetki. Ohladite se.
e) V ponvi zmešajte brusnice, pomarančni sok in sladkor. Med nenehnim mešanjem zavremo. Nato kuhajte 3 minute oziroma dokler brusnice ne začnejo pokati. Koruzni škrob

raztopite v 1 žlici vode. Dodajte v ponev, kuhajte in mešajte 2 minuti.
f) Preliv ohladimo in ga pred serviranjem premažemo po torti.

74. Kugel z ananasovimi rezanci

SESTAVINE:
ZA REZANCE:
- 450 g posušenih širokih jajčnih rezancev
- 1 palčka nesoljenega masla, narezana na koščke
- 1 skodelica polnomastnega mleka
- 5 velikih jajc, rahlo stepenih
- 12 skodelic sladkorja
- 2 čajni žlički vanilije
- 12 čajnih žličk soli
- 1 (450 g) posoda kisle smetane
- 1 (450g) posodica majhne skute (4% maščobe)
- 1 (560g) pločevinka zdrobljenega ananasa, odcejenega

ZA PRELIV:
- 2 skodelici koruznih kosmičev, grobo zdrobljenih
- 2 žlici sladkorja
- 12 čajnih žličk cimeta
- 2 žlici nesoljenega masla, narezanega na koščke

NAVODILA:
PRIPRAVITE ŽOGO:
a) Postavite rešetko pečice na srednji položaj in jo segrejte na 350°F (175°C).
b) Stekleni ali keramični pekač velikosti 13 x 9 x 2 palcev premažite z maslom.
c) Rezance skuhamo v loncu z vrelo slano vodo do al dente.
d) Dobro odcedimo, nato vrnemo v topel lonec in dodamo maslo ter mešamo, dokler niso obloženi rezanci.
e) Zmešajte mleko, jajca, sladkor, vanilijo in sol, dokler se ne združijo, nato pa vmešajte kislo smetano.

f) Primešamo skuto in ananas ter dodamo k rezancem, premešamo, da se dobro prekrijejo, nato pa z žlico stresemo v pekač.

NAREDITE PRELIV IN PEČETE KUGEL:

g) Zmešajte koruzne kosmiče, sladkor in cimet ter jih enakomerno potresite po rezancih.

h) Premažite z maslom in pecite, dokler se kugel strdi in robovi niso zlato rjavi, približno 1 uro.

i) Pred serviranjem pustite stati 5 minut.

75. Žafran Pistacija Panna Cotta

SESTAVINE:
- 2 žlici mehkega panirja ali domače skute
- 2 čajni žlički sladkorja
- 2 žlici mleka
- 1 žlica smetane
- 1 ščepec žafrana
- 1 velik ščepec agar agarja v prahu
- 2 žlički pistacij
- 1 ščepec kardamoma v prahu

NAVODILA:
a) Mehki paneer in sladkor v prahu pretlačite do gladkega.
b) Skupaj zavremo 2 žlici mleka in 1 žlico smetane ter ščepec žafrana.
c) Dodajte velik ščepec agar agarja v prahu.
d) Stepajte do gladkega.
e) Dodajte mešanico paneerja, kardamom v prahu in sesekljano pistacijo. Dobro premešaj.
f) V pomaščen model dodajte $\frac{1}{4}$ žličke sesekljane pistacije. Nalijte mešanico panakote.
g) Hladite 2 uri v hladilniku.
h) odlijte in postrezite. Na vrh dodajte nekaj sirupa po vaši izbiri in sadje.
i) Sladkor lahko prilagodite po okusu.

76. Skutin tiramisu

SESTAVINE:

- ½ skodelice sladkorja
- 1 skodelica nemastne skute
- 1 skodelica nemastne alternativne kisle smetane
- 2 žlici temnega ruma
- 8 unč škatla vanilijevega nemastnega jogurta
- 8-unč paket sira Neufchatel
- 1¼ skodelice tople vode
- 1 žlica Plus
- ½ čajne žličke Instant espresso kavnih zrnc
- 40 Ladyfingers
- ½ čajne žličke nesladkanega kakava

NAVODILA:

a) Prvih 6 sestavin dajte v kuhinjski robot z rezilom noža in obdelajte do gladkega; dati na stran.

b) V majhni skledi zmešajte vročo vodo in zrnca espressa. Ženske prste po dolžini razpolovite. 20 polovic na hitro pomočite s prerezano stranjo navzdol v espresso in jih položite s potopljeno stranjo navzdol na dno 9-palčnega kvadratnega pekača.

c) Potopite še 20 ženskih polovic s prerezano stranjo navzdol v espresso in jih namočeno stranjo navzdol razporedite na prvo plast. 2 C sirne mešanice enakomerno razporedite po prstih. Postopek ponovimo s preostalimi polpeti, espressom in sirno mešanico.

d) Zobotrebce postavite v vsak kot in 1 v sredino tiramisuja, da preprečite, da bi se plastična folija prijela na sirno zmes. Pokrijte s plastično folijo in postavite v hladilnik za 3 do 8 ur. Pred serviranjem potresemo s kakavom.

77. Datljev sladoled iz skute

SESTAVINE:
- ⅓ skodelice izkoščičenih datljev
- 4 žlice ruma
- 2 jajci, ločeni
- ½ skodelice granuliranega sladkorja
- ⅔ skodelice mleka
- 1 ½ skodelice skute
- Drobno naribana lupinica in sok 1 limone
- ⅔ skodelice stepene smetane
- 2 žlici drobno sesekljanega stebla ingverja

NAVODILA:

a) Datlje namočite v sobi za približno 4 ure. V skledo damo rumenjake in sladkor ter stepamo do svetlega. V ponvi segrejte mleko do točke, ko zavre, nato pa ga vmešajte v rumenjake. Mešanico vrnemo v splaknjeno ponev in na majhnem ognju ob stalnem mešanju kuhamo, dokler se ne zgosti. Kul, občasno strmenje.

b) Skuto, limonino lupinico ter sok in rum, odcejen iz datljev, skupaj zmešajte v mešalniku ali kuhinjskem robotu do gladkega in nato zmešajte s kremo. Zmes vlijemo v posodo, pokrijemo in zamrznemo, dokler ne postane čvrsta. Zvrnemo v skledo, dobro stepemo, nato dodamo stepeno smetano, datlje in ingver. V skledi stepemo beljake v trd, a ne suh sneg, ki jih vmešamo v sadno zmes. Mešanico z žlico prenesite nazaj v posodo. Pokrijte in zamrznite, dokler ni čvrsta.

c) Približno 30 minut pred serviranjem sladoled prestavimo v hladilnik.

78. Skutin Cheesecake

SESTAVINE:
ZA SKORICO
- ¼ skodelice trde margarine , stopljene
- 1 skodelica drobtin graham krekerja z nizko vsebnostjo maščob
- 2 žlice belega sladkorja
- ¼ žlice cimeta

ZA TORTO
- 2 skodelici skute z nizko vsebnostjo maščob, pire
- 3 žlice večnamenske moke
- 1 čajna žlička vanilijevega ekstrakta
- 2 jajca
- ⅔ skodelice belega sladkorja

NAVODILA:
a) Pripravite pečico tako, da jo predhodno segrejete na 325 stopinj Fahrenheita.

b) Zmešajte stopljeno margarino, drobtine graham krekerja, sladkor in cimet .

c) 10-palčni vzmetni pekač do polovice napolnite z mešanico skorje .

d) Zmehčano skuto, mleko, jajca, moko, vanilijo in sladkor dobro premešamo.

e) Zmes vlijemo v skorjo za pito.

f) Pečemo 60 minut v pečici.

79. Bureke

SESTAVINE:
- 500 g najboljšega maslenega listnatega testa
- 1 veliko jajce proste reje, stepeno

NADEV IZ RIKOTE
- ¼ skodelice / 60 g skute
- ¼ skodelice / 60 g sira ricotta
- ⅔ skodelice / 90 zdrobljenega feta sira
- 2 žlički / 10 g nesoljenega masla, stopljenega

PECORINO POLNILO
- 3½ žlice / 50 g sira ricotta
- ⅔ skodelice / 70 g naribanega staranega sira pecorino
- ⅓ skodelice / 50 g naribanega staranega sira čedar
- 1 por, narezan na 2-palčne / 5 cm segmente, blanširan, dokler se ne zmehča, in drobno narezan (¾ skodelice / 80 g skupaj)
- 1 žlica sesekljanega ploščatega peteršilja
- ½ žličke sveže mletega črnega popra

SEMENA
- 1 žlička semen nigelle
- 1 žlička sezamovih semen
- 1 žlička rumenih gorčičnih semen
- 1 žlička kuminih semen
- ½ žličke čilijevih kosmičev

NAVODILA

a) Testo razvaljajte na dva 12-palčna / 30 cm velika kvadrata, vsak ⅛ palca / 3 mm na debelo. Liste testa položite na s pergamentom obložen pekač – lahko počivajo drug na drugem, med njimi pa je list pergamenta – in pustite v hladilniku 1 uro.

b) Vsak niz sestavin za nadev dajte v ločeno skledo. Premešamo in odstavimo. V skledi zmešajte vsa semena in jih postavite na stran.

c) Vsak list peciva narežite na 4-palčne / 10 cm velike kvadrate; skupaj bi morali dobiti 18 kvadratov. Prvi nadev enakomerno razdelite na polovico kvadratov in ga z žlico nanesite na sredino vsakega kvadrata. Dva sosednja robova vsakega kvadrata namažite z jajcem in nato kvadrat prepognite na pol, da oblikujete trikotnik. Iztisnite ves zrak in stranice trdno stisnite skupaj. Robove dobro stisnite, da se med kuhanjem ne odprejo. Ponovite s preostalimi kvadrati peciva in drugim nadevom. Položimo na pekač, obložen s pergamentom, in pustimo v hladilniku vsaj 15 minut, da se strdi. Pečico segrejte na 425°F / 220°C.

d) Oba krajša robova vsakega peciva namažite z jajcem in te robove pomočite v mešanico semen; majhna količina semen, le 2 mm široka, je vse, kar je potrebno, saj so precej dominantna. Vrh vsakega peciva namažite tudi z nekaj jajca, pri čemer se izogibajte semenom.

e) Prepričajte se, da so peciva narazen približno 3 cm/$1\frac{1}{4}$ palca.

f) Pečemo 15 do 17 minut, dokler niso zlato rjavi. Postrezite toplo ali pri sobni temperaturi.

g) Če se nekaj nadeva med peko razlije iz peciva, ga le nežno nadevajte nazaj, ko je dovolj ohlajeno, da ga lahko obvladate.

80. Francoski sirni kolač

SESTAVINE:
- 2 skodelici Večnamenska moka; nepresejano
- ¼ čajne žličke Sol
- ½ žličke Pecilni prašek
- ⅔ skodelice Maslo ali margarina
- ⅓ skodelice Kristalni sladkor
- 2 Rumenjaki
- 2 žlici Polnomastna smetana
- ½ žličke Naribana limonina lupinica
- 4 žlice Maslo ali margarina
- ⅔ skodelice Kristalni sladkor
- 2 skodelici Suha skuta
- 1 Rumenjak
- ¼ skodelice Polnomastna smetana
- ⅓ skodelice Zlate rozine
- ½ žličke Naribana limonina lupinica
- 1 Beljak; rahlo potolčeno
- Slaščičarski sladkor

NAVODILA:
a) V skledo presejemo moko, sol in pecilni prašek.
b) Z mešalnikom peciva narežite maslo, dokler zmes ne postane podobna grobim drobtinam.
c) Dodajte ⅓ skodelice granuliranega sladkorja, 2 rumenjaka, 2 žlici težke smetane in ½ čajne žličke limonine lupinice; z vilicami mešajte, dokler se testo ne drži skupaj.
d) Zvrnemo na rahlo pomokano površino; gnetite do gladkega, približno 2 minuti.
e) Oblikujte kroglo; zavijte v povoščen papir. Pecivo ohladite 30 minut. Naredite sir
POLNJENJE:

f) V skledi z električnim mešalnikom pri visoki hitrosti stepajte maslo, granulirani sladkor in skuto, da se dobro povežejo, približno 3 minute.

g) Dodamo rumenjake in smetano; dobro pretlačite. Vmešajte rozine in limonino lupino. Pečico segrejte na 350 F.

h) Rahlo namažite pekač 13x9x2". Testo razdelite na pol.

i) Na rahlo pomokani površini razvaljajte polovico testa v pravokotnik 13x9".

j) Postavite na dno pripravljene posode. Vlijemo v nadev, enakomerno porazdelimo.

k) Preostalo pecivo razdelite na pol. Eno polovico narežemo na 5 enakih kosov.

l) Na deski razvaljajte vsak kos v svinčniku podoben trak dolžine 13".

m) Te trakove razporedite po dolžini, $1\frac{1}{2}$" narazen na nadev.

n) S preostalim pecivom naredite dovolj trakov, da se prilegajo diagonalno, 1 $\frac{1}{2}$ palca narazen, čez vzdolžne trakove.

o) Trakove peciva premažite z beljakom.

p) Pečemo 40 minut oziroma do zlato rjave barve. Z lahkoto stojite 5 minut.

q) Nato potresemo s slaščičarskim sladkorjem in narežemo na 3-palčne kvadrate. Postrežemo toplo.

81. Sirne torte z zelišči

SESTAVINE:

- ⅓ skodelice Drobne suhe krušne drobtine ali drobno zdrobljen zwieback
- 8 unč Paket kremnega sira, zmehčanega
- ¾ skodelice Skuta v stilu smetane
- ½ skodelice Nariban švicarski sir
- 1 žlica Večnamenska moka
- ¼ čajne žličke Posušena bazilika, zdrobljena
- ⅛ čajne žličke Česen v prahu
- 2 jajca
- pršilni premaz proti prijemanju
- mlečna kisla smetana
- narezane ali razkoščičene zrele olive, rdeči kaviar
- pečena rdeča paprika

NAVODILA

a) Za skorjo poškropite štiriindvajset 1¾-palčnih skodelic za mafine z nelepljivim pršilnim premazom.

b) Na dno in ob straneh potresemo krušne drobtine ali zdrobljen zwieback.

c) Ponve pretresite, da odstranite odvečne drobtine. Dati na stran.

d) V majhni skledi mešalnika zmešajte kremni sir, skuto, švicarski sir, moko, baziliko in česen v prahu. Stepajte z električnim mešalnikom na srednji hitrosti le toliko, da postane puhasto.

e) Dodajte jajca; stepajte pri nizki hitrosti, dokler se ne združi. Ne pretiravajte.

f) Vsako z drobtinami obloženo skodelico za mafine napolnite z 1 žlico sirove mešanice. Pecite v pečici pri 375 stopinjah F 15 minut ali dokler središča niso strjena.

g) Ohladite v pekačih na rešetki 10 minut. Odstranite iz pekača.

h) Temeljito ohladite na rešetki.

i) Za serviranje namažite vrhove s kislo smetano. Okrasite z olivami, kaviarjem, drobnjakom in/ali rdečo papriko in olivnimi izrezki.

j) Pecite in ohladite torte po navodilih, le da jih ne namažite s kislo smetano ali po vrhu okrasite.

k) Pokrijte in ohladite v hladilniku do 48 ur. Pustite torte stati na sobni temperaturi 30 minut, preden jih postrežete.

l) Premažemo s kislo smetano in okrasimo po navodilih.

82. Pesen kolač

SESTAVINE:
- 1 skodelica Crisco olja
- ½ skodelice masla, stopljenega
- 3 jajca
- 2 skodelici sladkorja
- 2½ skodelice moke
- 2 čajni žlički cimeta
- 2 čajni žlički sode bikarbone
- 1 čajna žlička soli
- 2 čajni žlički vanilije
- 1 skodelica pese Harvard
- ½ skodelice kremne skute
- 1 skodelica zdrobljenega ananasa, odcejenega
- 1 skodelica sesekljanih orehov
- ½ skodelice kokosa

NAVODILA:
a) Zmešajte olje, maslo, jajca in sladkor.
b) Dodajte moko, cimet, sodo in sol.
c) Zložite vanilijo, peso, skuto, ananas, orehe in kokos.
d) Nalijte v 9x13-palčni pekač.
e) Pečemo pri 350 40-45 minut. Postrezite s stepeno smetano.

83. Jabolčno-sirni sladoled

SESTAVINE:
- 5 jabolk za kuhanje, olupljenih in brez peščic
- 2 skodelici skute, razdeljeno
- 1 skodelica pol-in-pol, razdeljena
- ½ skodelice jabolčnega masla, razdeljeno
- ½ skodelice granuliranega sladkorja, razdeljenega
- ½ čajne žličke mletega cimeta
- ¼ čajne žličke mletih nageljnovih žbic
- 2 jajci

NAVODILA:
a) Jabolka narežite na ¼-palčne kocke; dati na stran. V mešalniku ali kuhinjskem robotu zmešajte 1 skodelico skute, ½ skodelice pol-in-pol, ¼ skodelice jabolčnega masla, ¼ skodelice sladkorja, cimet, nageljnove žbice in eno jajce. Mešajte do gladkega. Nalijte v večjo skledo.

b) Ponovite s preostalo skuto, pol in pol, jabolčnim maslom in jajcem. Združite s predhodno pretlačeno zmesjo. Vmešamo sesekljana jabolka.

c) Nalijte v posodo za sladoled. Zamrznite v aparatu za sladoled po navodilih proizvajalca.

84. Kokosova skutna torta s sirom

SESTAVINE:
ZA SKORICO:
- 1 ½ skodelice drobtin Graham Crackerja
- ½ skodelice jedilne žlice masla, stopljenega
- 3 žlice naribanega kokosa

ZA NADEV:
- 32 unč skute
- ¾ skodelice sladila
- 7 unč kokosovega grškega jogurta
- 3 velika jajca
- 1 čajna žlička vanilijevega ekstrakta
- 1 merica beljakovin v prahu z okusom kokosa (neobvezno)

ZA PRELIV:
- 7 unč kokosovega grškega jogurta
- 2 žlici skute
- ¼ skodelice sladila
- ½ skodelice naribanega kokosa

NAVODILA:
ZA SKORICO:
a) V skledi zmešamo drobtine Graham Crackerja, stopljeno maslo in nastrgan kokos.
b) Zmes vtisnite na dno posode ali pekača za sirne torte.
c) Pečemo pri 375 °F (192 °C) približno 7-10 minut, dokler rahlo ne porjavi.
d) Odstranite iz pečice in pustite, da se ohladi.

ZA NADEV:
e) V skledo mešalnika dodamo skuto in sladilo ter mešamo do gladkega.

f) Nato dodajte preostale sestavine in mešajte do gladkega.

g) Nadev prelijemo na ohlajeno skorjo in pečemo 50 minut v ogreti pečici.

h) Odstranite iz pečice in ohladite na sobni temperaturi.

ZA PRELIV:

i) Kremasto stepite kokosov grški jogurt, skuto in sladilo.

j) Glazuro premažite po ohlajenem cheesecakeu in na vrh potresite nastrgan kokos.

85. Kugel pita z rezanci in skuto

SESTAVINE:
SKORJA ZA REZANCE:
- ½ funta širok košer za rezance za velikonočno jajce
- 2 žlici masla, stopljeno

POLNJENJE:
- 2 čebuli, narezani
- olje za cvrtje
- 1 funt skute
- 2 skodelici kisle smetane
- ½ skodelice sladkorja
- 6 jajc
- 1 čajna žlička mletega cimeta
- ½ skodelice robid

PRELIV:
- Dodatne robide

NAVODILA:
SKORJA ZA REZANCE:
a) Pečico segrejte na 375 stopinj F.
b) Jajčne rezance kuhajte v slani vodi približno 4 minute oziroma toliko časa, da so rahlo premalo kuhani.
c) Rezance odcedimo in preložimo v skledo.
d) Prelijemo z 2 žlicama stopljenega masla in premešamo.

POLNJENJE:
e) V srednje veliki ponvi na srednjem ognju segrejte olje in nato pražite čebulo, dokler se ne zmehča. Odstranite iz pekača.
f) V skledi zmešajte kuhano čebulo, skuto, kislo smetano, sladkor, jajca in mleti cimet, da se dobro povežejo.
g) Robide nežno vmešamo v zmes za nadev.

SESTAVLJANJE:

h) Namastite približno 9 x 13 palcev velik pekač.
i) Namazane jajčne rezance razporedimo po dnu pekača, da naredimo skorjico.
j) Zmes za nadev prelijemo čez skorjo rezancev.
PEKA:
k) Pečemo v predhodno ogreti pečici, dokler se krema ne strdi in vrh zlato rjavo zapeče, približno 40-45 minut.
SERVIRANJE:
l) Pustite, da se pita Kugel z rezanci nekoliko ohladi, preden jo postrežete.
m) Postrezite, potresite z robidami.

86. Roza party solata

SESTAVINE:

- 1 pločevinka (št. 2) zdrobljen ananas
- 24 velikih marshmallows
- 1 paket Jagodni žele
- 1 skodelica Smetana za stepanje
- 2 skodelici Sm. skuta skuta
- ½ skodelice Orehi; sesekljan

NAVODILA:

a) Segrejte ananasov sok z marshmallows in želejem. Kul.

b) Zmešamo stepeno smetano, ananas, skuto in orehe. Dodamo prvo mešanico in premešamo.

c) Ohladite čez noč.

87. Sladica iz pečenega ananasa

SESTAVINE:
- 1 svež ananas, brez peščic, olupljen
- 3 žlice malinovega vinaigrette preliva
- 2 skodelici skute z nizko vsebnostjo maščobe 2% mleka
- 1/2 skodelice semen granatnega jabolka

NAVODILA:
a) Predgrejte brojlerja. Ananas prečno narežite na osem rezin in ga razporedite po rešetki ponve za brojlerje ali v pekač velikosti 15 x 10 palcev x 1 palec, nato pa ga enakomerno premažite s čopičem.

b) Ananas pražite 3-4 cm stran od vira toplote, dokler se ne segreje, približno 4-5 minut.

c) Ananas prestavimo na servirni krožnik in nanj enakomerno naložimo skuto. Po vrhu potresemo semena granatnega jabolka.

88. Kul limetina solata

SESTAVINE:

- 1/2 skodelice neodcejenega konzerviranega zdrobljenega ananasa
- 2 žlici limetine želatine
- 1/4 skodelice 4% skute
- 1/4 skodelice stepenega preliva

NAVODILA:

a) V majhni ponvi zavrite ananas.
b) Ugasnite ogenj, dodajte želatino in mešajte, dokler se popolnoma ne raztopi.
c) Pustite, da se ohladi na sobno temperaturo.
d) V ponev dodamo stepen preliv in skuto, premešamo.
e) Ohladite, dokler se ne strdi.

ZAČIMBE

89. Skutna omaka

SESTAVINE:

- 1 skodelica (226 g) nemastne skute
- 1 skodelica (235 ml) posnetega mleka
- 2 žlici (30 ml) vode
- 2 žlici (16 g) koruznega škroba

NAVODILA:

a) V blenderju zmešajte skuto in mleko. Prelijemo v ponev in segrevamo skoraj do vrenja. Dati na stran. Dodajte vodo koruznemu škrobu in zmešajte v pasto. Dodamo skutni mešanici v ponvi in dobro premešamo.

b) Kuhajte 10 minut, nenehno mešajte, dokler se ne zgosti.

90. Omaka z malo maščobe

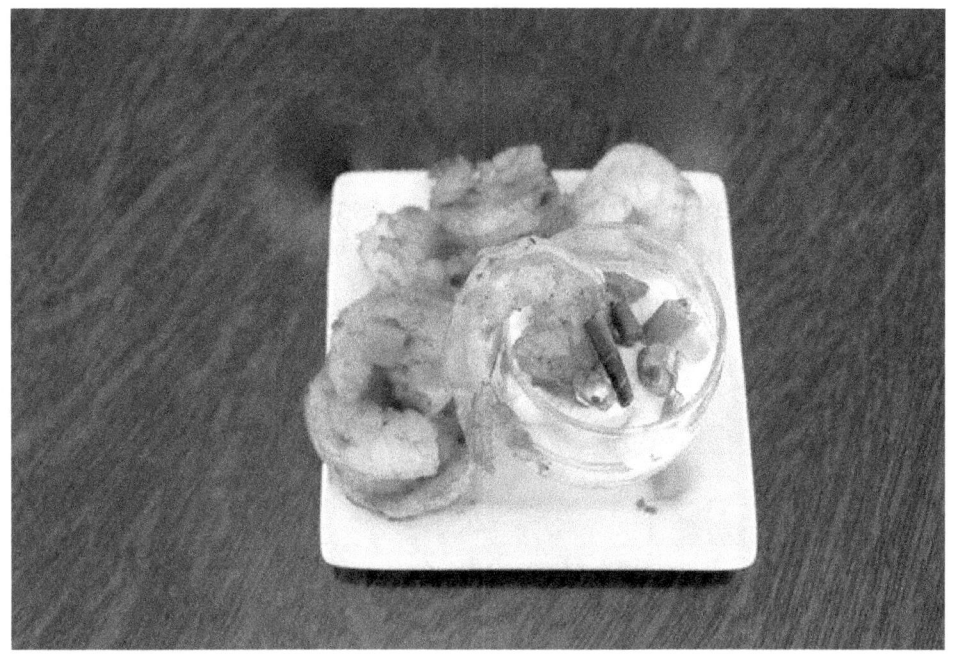

SESTAVINE:

- 1 skodelica (225 g) nemastne skute
- ¼ skodelice (25 g) sesekljane čebulice
- 2 čajni žlički (10 ml) limoninega soka

NAVODILA:

a) Vse sestavine zmešajte v mešalniku ali kuhinjskem robotu in jih pretlačite do gladkega.
b) Hladite vsaj eno uro, da se okusi razvijejo.

91. Zeliščni preliv Cottage

SESTAVINE:

- 1 žlica mleka
- 12 unč skute
- 1 čajna žlička limoninega soka
- 1 majhna rezina čebule - tanka
- 3 redkvice -- pol
- 1 čajna žlička mešanice solatnih zelišč
- 1 vejica peteršilja
- $\frac{1}{4}$ čajne žličke soli

NAVODILA:

a) Mleko, skuto in limonin sok dajte v posodo blenderja in mešajte do gladkega.
b) Skuti dodajte preostale sestavine in mešajte, dokler ni vsa zelenjava narezana.

92. Zeliščni skutni namaz

SESTAVINE:
- 1 skodelica skute
- 2 žlici drobno sesekljanega svežega drobnjaka
- 1 žlica svežega kopra, sesekljanega
- 1/2 čajne žličke česna v prahu
- Sol in poper po okusu

NAVODILA:
a) V skledi zmešamo skuto, sesekljan drobnjak, koper in česen v prahu.
b) Začinimo s soljo in poprom po okusu.
c) Uporabite ga kot namaz za krekerje, kruh ali kot pomako za zelenjavo.

93. Salsa s skuto

SESTAVINE:

- 1 skodelica skute
- 1/2 skodelice krhke salse
- 1/4 skodelice sesekljanega svežega cilantra
- 1/2 čajne žličke kumine (neobvezno)
- Sol in poper po okusu

NAVODILA:

a) V skledi zmešajte skuto, salso, koriander in kumino (če jo uporabljate).
b) Začinimo s soljo in poprom po okusu.
c) Uporabite to salso kot preliv za pečen krompir, piščanca na žaru ali kot pomak za tortiljin čips.

94. Skutni in medeni namaz

SESTAVINE:

- 1 skodelica skute
- 2 žlici medu
- 1/4 čajne žličke cimeta (neobvezno)

NAVODILA:

a) Na krožnik ali skledo naložimo skuto.
b) Po skuti pokapljamo med.
c) Po želji potresemo s ščepcem cimeta.
d) Uživajte kot sladko kremasto sladico ali prigrizek.

95. Skutin pesto

SESTAVINE:

- 1 skodelica skute
- 2 žlici pesto omake
- 1/4 skodelice naribanega parmezana
- Sol in poper po okusu

NAVODILA:

a) V skledi zmešamo skuto, pesto omako in nariban parmezan.
b) Začinimo s soljo in poprom po okusu.
c) Ta skutin pesto uporabite kot omako za testenine, namaz za sendviče ali pomak za zelenjavo.

SMOOTHIJE IN KOKTAJLI

96. Začinjen malinov smoothie

SESTAVINE:
- ½ skodelice skute brez maščobe
- 1 skodelica ledenih kock
- 1 čajna žlička medu
- 2 datlja (brez koščic)
- 2 žlici staromodnega valjanega ovsa
- 6 oz svežih malin
- Ščepec mletega cimeta

NAVODILA:
a) Vse sestavine dajte v mešalnik in pretlačite do gladkega.
b) Uživajte.

97. Cottage Cheese Power Shake

SESTAVINE:
- ¼ skodelice skute z nizko vsebnostjo maščob
- 1 skodelica borovnic (sveže ali zamrznjene)
- 1 merica vanilijevega beljakovinskega prahu
- 2 žlici moke iz lanenega semena
- 2 žlici sesekljanih orehov
- 1½ skodelice vode
- 3 kocke ledu

NAVODILA:
a) Mešajte do gladkega.
b) Po potrebi poskusite in prilagodite led ali sestavine.

98. Cheesy Vanilla Shake

SESTAVINE:

- 16 oz. posneto mleko
- 2 skodelici nemastne skute
- 3 merice beljakovinskega prahu
- 1/2 skodelice nemastnega vaniljevega jogurta
- 1 merica vašega najljubšega sadja
- Splenda dva ključa
- 2-3 kocke ledu

NAVODILA:
a) Vse sestavine stresite v mešalnik za 30-60 sekund.

99. Bananin proteinski napitek po vadbi

SESTAVINE:
- 2 banani
- 1/2 skodelice skute
- Sirotkine beljakovine vanilije
- Skodelica mleka
- Nekaj ledu
- 1/2 čajne žličke rjavega sladkorja

NAVODILA:
a) Mešajte do gladkega.
b) Po potrebi poskusite in prilagodite led ali sestavine.

100. Sojin smoothie

SESTAVINE:

- 1 merica beljakovin v prahu
- 1 skodelica organskega sojinega mleka
- 1 skodelica skute
- $\frac{1}{4}$ - $\frac{1}{2}$ skodelice surovega medu
- Ščepec soli

NAVODILA:

a) Zmešajte sojino mleko in skuto, da bo Smoothie dobil zrnato strukturo, nato dodajte med in sol v razmerju po vašem okusu.

b) Dodajte merico beljakovin v prahu, po potrebi vodo in uživajte.

ZAKLJUČEK

Ko se bližamo koncu naše kulinarične avanture v "ULTIMATIVNA SKUTA KUHINJA", upamo, da ste uživali v raziskovanju neskončnih možnosti skute. S 100 okusnimi recepti na dosegu roke ste odklenili skrivnost spreminjanja vsakodnevnih obrokov v izjemna doživetja.

Skuta s svojo bogato kremasto teksturo in visoko vsebnostjo beljakovin se je izkazala za več kot le mlečno živilo. Je ključna sestavina za bolj zdrave, okusnejše in razburljivejše obroke. Od zajtrka do večerje in vsakega vmesnega prigrizka ste videli, kako je lahko ta vsestranska sestavina glavna zvezda.

Mešali smo, pražili, pekli in mešali, zdaj pa ste vi na vrsti, da prevzamete vajeti. Pustite domišljiji prosto pot v kuhinji. Eksperimentirajte z okusi, teksturo in sestavinami ter ustvarite lastne skutne mojstrovine.

Toda zapomnite si, srce vsake kuhinje niso samo sestavine ali recepti – to sta ljubezen in strast, ki ju vlijete v svoje kuhanje. Torej, ko nadaljujete svojo kulinarično pot, vedno kuhajte z ljubeznijo in zagotovo boste ustvarili jedi, ki ne le razveselijo brbončice, ampak tudi ogrejejo srce.

Hvala, ker ste se nam pridružili v "ULTIMATIVNA SKUTA KUHINJA." Naj bodo vaši prihodnji obroki polni veselja, zdravja in prijetne dobrote skute. Veselo kuhanje!

www.ingramcontent.com/pod-product-compliance
Lightning Source LLC
Chambersburg PA
CBHW071315110526
44591CB00010B/892